合肥统战纪事

中共合肥市委统战部 编著

華文出版社
SINO-CULTURE PRESS

图书在版编目（CIP）数据

合肥统战纪事 / 中共合肥市委统战部编著．—北京：华文出版社，2023.12

ISBN 978-7-5075-5867-8

Ⅰ．①合…　Ⅱ．①中…　Ⅲ．①统一战线工作—合肥　Ⅳ．①D613

中国国家版本馆 CIP 数据核字（2023）第 196690 号

书　　名：合肥统战纪事
标准书号：ISBN 978-7-5075-5867-8
著　　者：中共合肥市委统战部
责任编辑：雷　平
出版发行：华文出版社
地　　址：北京市西城区广外大街 305 号 8 区 2 号楼
邮政编码：100055
电　　话：总 编 室 010-58336239　发行部 010-58336270
　　　　　责任编辑 010-58336277
经　　销：新华书店
印　　刷：三河市航远印刷有限公司
开　　本：710×1000　1/16
印　　张：11.5
字　　数：162 千字
版　　次：2023 年 12 月第 1 版
印　　次：2023 年 12 月第 1 次印刷
定　　价：56.00 元

目　录 CONTENTS

第一章

新民主主义革命时期
合肥地区统一战线工作

统一战线是中国共产党三大法宝之一。纵观百年党史，最大限度地团结一切可以团结的力量，结成最广泛的统一战线，是我们党战胜一切艰难困苦、走向胜利的力量源泉和政治优势。

合肥地处江淮腹地，人杰地灵，统一战线工作有着光荣传统和不平凡的历史。早在五四运动时期，合肥地区就有一批在外求学的有志青年开始接受进步思想，投身革命洪流。中国共产党成立之初，他们分批返回故乡，积极传播马克思主义，筹建地方党团组织，开展统一战线活动。1926 年中共合肥北乡支部成立后至 1949 年新中国成立，合肥地区统战工作大致经历了四个发展阶段，即大革命时期的民主联合战线、土地革命战争时期的工农民主统一战线、抗日战争时期的抗日民族统一战线、解放战争时期的人民民主统一战线，为新中国的建立和合肥的和平解放作出了重要贡献。

第一节 大革命时期的民主联合战线

一、合肥地区早期的统一战线活动

马克思主义的传播

1919 年五四运动的爆发，带来了新文化运动的迅速兴起，马克思主义思想开始在合肥传播。1919 年秋，进步知识分子在合肥城内创办了四所贫民学校，成为开展新文化运动、传播马克思主义的阵地。1921 年 7 月，中国共产党成立。陶淮、胡允恭、胡宏让、陶久仿、王影怀、蔡晓舟、崔筱斋、李坦、张璋、刘建初等一批外出求学的合肥青年，于 1923 年前后，相继在上海、芜湖、武汉、广州等地加入中国共产党，成为合肥地区最早的一批中共党员。1926 年，曹广化、胡济、童汉章、王培吾、张子彬、张建之、谷隅三、张如屏等加入中国共产党。他们之中，有的秘密给家乡邮寄《资本论》《向导》《新青年》《每周评论》等进步书刊，传播马克思主义；有的陆续返回家乡，宣传中国共产党的革命主张，组织革命群众运动，秘密筹建党团组织。

合肥人民反帝反封建斗争

合肥地区早期中共党员在开展革命宣传的同时，积极发动青年学生和各界民众开展具有统一战线性质的革命活动。1925 年 5 月，上海发生震惊中外的五卅惨案，合肥的青年学生和各界民众积极声援和支持上海工人反帝爱国运动。青年学生恢复了合肥县青年学生联合会，6 月 22 日举行合肥各界人士大会，到会的工人、农民、商人、市民和基督教会人员有 1600 多人，大会决定成立沪案后援会，进行全城性罢工、罢课、罢市。会后，近 3000 人参加了声势浩大的示威游行；次日，再次召开了 10000 余人参加的国民大会，合肥学生联合会、沪案后援会均发表了宣言。1925 年 6 月，省港大罢工和沙基惨案发生后，各界代表以合肥各界联合会名义，致电日内瓦国际联盟，抗议英国在华驻军暴行，合肥人民再次掀起反帝运动。

二、中共合肥地方党组织的建立与农民运动的兴起

中共合肥北乡支部

1925 年 1 月，中共党员崔筱斋受党组织派遣返回合肥北乡，以教书为名秘密宣传革命思想，开展革命活动，筹建合肥北乡农民协会、妇女会，发动贫苦农民起来斗争。1926 年 2 月，中共中央召开特别会议，提出“在各方面准备广州国民革命势力往北发展”。为培训骨干、迎接全国革命高潮的到来，决定从全国各地选派一批农民去广州，参加第六期中央农民运动讲习所的学习。其中，在安徽选派 16 人，崔筱斋、胡济、曹广化等人参加。同年 9 月，崔筱斋等人学习结业后，回到合肥。当月底，在合肥北乡双河集（今长丰县造甲乡）崔家祠堂成立了中共合肥北乡支部，崔筱斋为书记，胡济、曹广化

为成员，直属在上海的党中央领导。这是合肥地区成立的第一个中共地方党组织。中共合肥北乡支部成立后，首要任务是广泛发动群众，组建农民协会，开展农民运动，宣传北伐革命。

合肥地区农民运动

1926 年 11 月，中共中央在《目前农运计划》中明确提出，“安徽省农运的重点是以寿县、合肥为中心的皖北地区”。为贯彻落实中央关于开展农运的指示精神，同月，已经创建了中共合肥北乡支部的崔筱斋、胡济、曹广化等人，又在合肥北乡双河集崔小圩组建了“安徽省农民运动委员会”。不久，在合肥、寿县、定远三县交界之地的双河集、造甲店、白家河、陈刘集，相继建立了 4 个农民协会组织，这是合肥地区在中国共产党领导下最早建立的一批农民协会组织。农民协会利用张贴标语、演文明戏等方式进行革命宣传，启发群众觉悟，号召群众开展斗争，推翻反动军阀和地主豪绅，很快掀起了合肥地区农民运动的热潮。1926 年 11 月 15 日，中共中央局将合肥列为全国开展农运的中心地区之一。

三、民主联合战线在合肥的建立与吴山庙起义

国民党合肥县党部筹委会

1922 年，中共二大决定同其他政党建立民主联合战线。1923 年，中共三大决定采取共产党员以个人身份加入国民党的方式实现国共合作。1924 年 1 月，孙中山主持召开了中国国民党一大，提出“联俄、联共、扶助农工”三大政策，第一次国共合作正式形成。这一时期，合肥地区一些中共党员以个人身份加入了国民党，帮助建立国民党地方组织。1926 年春，国民党安徽省临时党部在安庆成立，在国民党临时省党部中，中共党员李云鹤（郑鼎）担任特派员，薛卓汉为执委、童汉章为总干事。1927 年初，薛卓汉、童汉章指派中共党员刘自强和国民党进步人士龚嘘云等人返回合肥，组建

国民党合肥县筹备委员会。1927 年 3 月初，筹委会召开了国民党合肥县党部成立大会，各界群众近万人参加，会后组织了大规模的游行。国民党合肥县筹委会的成立，标志着合肥地区第一次国共合作的实现和民主联合战线的形成。

在统一战线旗帜下，合肥县相继成立了木工、织布、店员等行业工会和妇女协会。1927 年 3 月，北伐军第七军第一、二师到达合肥地区。合肥人民举行欢迎北伐军大会，组织慰劳北伐军将士，不少青年学生和店员、工人参加了北伐军。

合肥吴山庙武装起义

1926 年 7 月，国民革命军从广州誓师北伐，一路北上，势如破竹。为接应北伐军挺进安徽、进入合肥，经中共上海党组织（中央）同意，中共党员李云鹤、聂鹤亭由上海返回合肥，联合进步人士合肥实业局局长许习庸，策划在合肥北乡吴山庙发动武装起义，以配合北伐军攻打九江。此前，许习庸已与国民党左派人士董伯荣等人酝酿、筹备吴山庙起义，并派董伯荣前去武汉汇报起义准备情况。当时正是国共合作时期，国民党安徽省宣慰使常恒芳同意组织起义，并指令中共党员蔡晓舟和董伯荣、许习庸为起义负责人。当蔡晓舟、董伯荣回到合肥时，郑鼎、聂鹤亭也已到达合肥，他们与许习庸会合后，争取了合肥地方民团武装首领李雨村等人，共同组织领导起义。起义计划从吴山庙小营盘集中武装力量，与合肥城内民团武装里应外合，一举占领合肥。11 月 8 日，蔡晓舟和郑鼎先期到达寿县古渡岗，开始集结起义人员。11 月 11 日，因军情发生变化，蔡晓舟、许习庸决定提前行动，并从各地紧急调集了 300 余人，星夜兼程向小营盘集结。11 月 12 日清晨，正式成立“安徽讨贼军第四路军”司令部，蔡晓舟任司令、郑鼎为指导员、许习庸为副司令、董伯荣为参谋长、李雨村为总参议，公开宣布举行武装起义。吴山庙起义爆发后，合肥县长宁继光和豪绅李次岩、季雨农等一面急电安徽军阀首领陈调元调兵增援，一面紧闭城门并派人出城谈判，被革命党人拒绝。

11月23日拂晓，陈调元派出的增援部队向吴山庙小营盘方向连续炮击，同时以3个团的兵力向起义军猛攻。由于众寡悬殊，起义失败。吴山庙武装起义是中国共产党贯彻执行统一战线方针、建立民主联合战线，在合肥地区组织领导的第一次武装起义。虽然起义失败了，但它敢于推翻军阀统治的革命斗争精神，在合肥地方革命史、地方党史上占有十分重要的位置，将永远载入史册。

第二节　土地革命战争时期的工农民主统一战线

一、建立工农民主统一战线

党的统战工作方针的调整

1927年春夏，蒋介石和汪精卫集团相继发动“四一二”和“七一五”反革命政变，建立了代表大地主大资产阶级的全国性政权，中国革命形势转入低潮。8月7日，中共中央在湖北汉口秘密召开紧急会议（即八七会议）。这次会议对大革命时期统战工作的经验教训作了初步总结，强调党的统战工作方针必须从根本上转变，把着眼点转向发动工农群众上来，建立工农民主统一战线。1928年，中共六大在莫斯科召开，大会指出，当前中国政治形势是处在两个革命高潮之间，党的总路线是争取群众，“左”倾盲动主义和命令主义是使党脱离群众的最主要危险；大会制定了工农民主统一战线策略，强调必须巩固党“在农民运动和工人运动中的领导”，必须用最大的努力恢复革命工会等群众组织，要善于利用一切合法斗争手段，尽可能地领导群众的日常经济政治斗争。1930年，中共六届三中全会提出必须实行“下层群众的统一战线”，把工人、农民和士兵群众作为革命的基本力量。

合肥地区中共党组织的恢复和发展

大革命失败后，合肥地区同全国各地的形势大体相同，党的组织遭到破坏，许多党员同党组织失去联系，革命活动被迫转入地下。八七会议后，皖籍共产党员按照中共中央的部署，纷纷从武汉、南昌、上海等地回到家乡，秘密恢复和发展遭到破坏的中共地方组织。1927 年 9 月初，参加八一南昌起义后避至香港的合肥籍中共党员童汉章，受上海党组织（中央）的派遣回到合肥，以教书为掩护，秘密联系大革命时期隐蔽下来的、从外地陆续返回的中共党员，在合肥城内积极筹建中共党组织。9 月下旬，曾在国民革命军第四军任团长的许继慎奉党中央指示前往皖西组建革命武装，在离开皖西返回上海途经合肥时，与童汉章取得联系，协助童汉章联络了刚从武汉回来的中共党员范毓南、已在合肥的中共党员刘自强，在童汉章家中正式成立了中共合肥小组。1927 年底，在合肥城东小学成立了中共合肥特别支部。1928 年春，特别支部扩建为中共合肥特别区委。1930 年 5 月，中共合肥特别区委在合肥西乡大方坎村召开党代表会议，决定改组中共合肥特别区委，成立中共合肥县委。此时，合肥地区中共基层党的组织发展较快，在不到一年时间内，先后在合肥城内和西乡雷麻店、西北乡高刘集建立起一、二、三区 3 个区委，在三河、中派、定远、北张建立了 4 个特别支部。1931 年 3 月，中共合肥县委扩建为中共合肥中心县委（又称中共皖西中心县委），下辖旧桐、太湖、潜山 3 个县委和舒城、定远、庐江北部等地党组织，以及合肥地区 4 个区委、4 个特支。1931 年 8 月，中共中央决定将合肥（皖西）、寿县（皖北）两中心县委合并，成立中共皖西北中心县委，归中共中央直接领导。1932 年 6 月，中共鄂豫皖中央分局在皖西北中心县委进行所谓的“肃反”，严重危害了革命事业。同年 7 月，中共中央决定恢复中共合肥中心县委，直属中共中央领导。此时，因国民党反动派加紧“围剿”鄂豫皖革命根据地，中共合肥地区党、团组织遭到了严重破坏。1932 年 9 月，中共党员陈良季（又名陈良巨）、凌生等在合肥西乡成立了中共合肥临时中心县委，同时组建了合肥游击队。1933 年 4 月底，临时中心县委恢复为中共合肥中心县委。1934 年 5 月底，合肥游击队在合肥西乡严店附近遭到国民党军队“围剿”，同时中共合肥中心县委机关遭到再次破坏。1934 年 10 月，合肥、寿县两个中心县委再次合并为中共皖西北中心县委，隶属于中共上海中央局领导，同时，合肥游击队、皖北游击大队合并为皖西北游击大队。1935 年 2 月，皖西北中心县委正式改组为中共皖西北特委，同年 6 月，皖西北游击大队改编为皖西北独立游击师。

工农民主统一战线的建立

中共合肥地方党组织在恢复和发展的过程中，认真贯彻中共中央关于调整统一战线工作方针的指示精神，采取灵活策略，积极组建农民协会、合肥赤色职工会、共青团合肥组织、妇女会、互济会、朝曦读书会等群团组织，建立了广泛的工农民主统一战线，领导各阶层群众开展了轰轰烈烈的革命斗争。

合肥农民协会。早在大革命时期，合肥就是全国开展农运的中心地区之一。1929 年前后，合肥县农民协会成立（后改名为合肥县农民运动委员会），周味韶任主席。在中共合肥地方党组织的领导下，合肥农运工作进行很快，到 1931 年底，合肥地区共有农民协会会员 3250 人。为保证农民协会组织的纯洁性，1932 年，中共皖西北中心县委制定了《农协章程》，对农民的入会问题作了具体的规定。1934 年 4 月，合肥赤色农民委员会发表了《为扒粮斗争告穷苦兄弟姐妹书》，号召穷苦兄弟姐妹脱离封建组织，加入农民委员会。到 1934 年 11 月，参加农民委员会的群众有 7000 多人。1935 年 2 月，中共皖西北特委在合肥西乡设立了农运部，进一步发动和领导农会组织和广大农民同地主豪绅作斗争，轰轰烈烈地开展了一系列有影响、有声势的抗捐、抗暴、抗税斗争。

合肥赤色职工会。为加强对合肥工人运动的领导，1931 年 8 月，中共皖西北中心县委决定成立职工部，由秦全（又名程明远）任部长，开始有组织、有计划地开展工人运动。1932 年 4 月，中共皖西北中心县委遵照中共中央关于“做好合肥职工运动工作”的指示，组织合肥城内的木匠、修路工人及其他行业工人，成立合肥赤色职工会。

共青团合肥组织。1927 年，随着中共合肥小组和合肥特别支部的建立，共青团组织也开始建立和发展起来。1928 年，合肥地区建立了共青团特别支部（有 21 名团员），下辖 6 个团小组，其中合肥城内有 4 个团小组。在党团组织的领导下，合肥正谊中学先后成立了学生会、学术研究会。1930 年 3 月，共青团合肥特支扩建为共青团合肥县委，由王平任书记。1931 年 3 月，共青团合肥县委扩建为中心县委。随后，团员队伍和基层组织有了新的发展，共青团合肥中心县委拥有团员 130 余名、基层团组织 10 个，其中合肥城内有 2 个支部，合肥四乡有 8 个特别支部。九一八事变后，共青团合肥中心县委广泛发动青年学生和城乡群众开展游行示威，在合肥地区掀起了抗日反蒋的革命浪潮。

妇女会。妇女会又称姊妹会，成立于 1931 年前后，活动于合肥西乡一带，主要负责人为周老三姐（又名童宜仙）。周老三姐参加革命后，根据党组织的指示，积极与农村广大贫苦妇女结为姊妹，相继在雷麻、高刘、宋湾、马郢、朱大郢、雀儿山等地成立了妇女会，配合当地农会开展抗租、抗捐和扒粮斗争。如 1934 年 5 月，周老三姐响应合肥赤色农民委员会的号召，发动雷麻、焦婆一带妇女会，扒了地主的稻子，全部分给了农民。

互济会。互济会又称济难会，是中国共产党领导下的群众性互助组织。1928 年春，中共七架桥区委在庐南郑家沪（也称七架桥）成立后，开始组建互济会，到 1929 年底，七架桥地区普遍建立了互济会组织。1931 年春，中共合肥中心县委利用三河镇警备队长孙仲德的合法身份，在舒城、庐江、合肥一带组建了党的外围秘密组织——舒庐合地区赤色互济会，通过互济会活动扩大党的影响，配合党领导的游击队开展革命活动。当时，合肥地区凡有中共党支部的地方，都有 1—2 个互济会组织。各地互济会通过组织会员互助互救、开展文艺演唱等活动，揭露当地反动势力镇压革命的罪行，对团结和鼓励广大群众开展革命斗争起到了积极作用，巩固了中国共产党在群众中的根基。

朝曦读书会。1932 年 9 月，合肥六中老师、中共党员谢立惠引导李静一、鲍有苏、蔡柏等学生，成立朝曦读书会，成为中共合肥地方党组织的一个联络点。随着读书会影响越来越大，会员很快发展到 20 人，有些会员后来加入了中国共产党。

二、领导农民群众抗捐、抗暴、抗税

合肥东乡、西乡的抗捐、抗税斗争

1928 年 7 月，中共党员周味韶在合肥西乡南岗集一带组织农民抗捐，与国民党合肥县稽查员熊仁鉴带领的催捐民团当场发生冲突，夺取民团枪支十几支。此事对国民党合肥县政府震动很大，迫使他们一面声称要追回枪支，一面责令各团防局不要“随意附加”捐税。1928 年 8 月下旬，中共合肥特别区委获知蒋介石要来合肥视察的消息，立即部署、组织合肥西乡和东乡群众向蒋介石请愿，争取彻底废除烟苗税。当蒋介石的轿车驶进合肥前大街时，3000 多名农民群众在周味韶的指挥下，从合肥东、西城门蜂拥而入，迫使蒋介石只得在合肥卫衙大关的广场上当众声明“今后绝对禁种烟苗，如有向民众多征烟苗捐者，可向国府控告”，并当场在群众诉状上批复“退还二成三”几个字。这次抗捐斗争，既震动了南京国民政府，更激发了合肥群众的革命热情。

合肥北乡抗租、抗税与罢工斗争

1931 年 5 月，因农民庄稼长势较好，合肥北乡地主强行加租，合肥县十六联保主任又巧立名目征收耕牛税。中共合肥北乡区委书记崔筱斋组织各村农会，发动农民抗租、抗税，同时发动双河集、造甲店、肖凤集、青龙厂等地长工罢工，吓得十六联保主任不敢再征耕牛税，地主不敢再加租，还提高了长工工钱。

庐江减租、减息与扒粮斗争

1928 年夏，庐江一带发生旱灾，地主吴礼宏因强逼农民交租遭到围攻，要求国民党庐江县政府派兵镇压。中共庐北特别支部组织了农会会员 900 多人进城请愿，迫使县政府答应在重灾之年减租、减息。1934 年初和 1935 年春，中共庐北特支相继组织农民开展扒粮斗争，解决了部分农民缺粮过冬和春荒问题。

合肥西乡扒粮斗争

1932 年，合肥发生严重春荒。中共皖西北中心县委召开“春荒斗争”会议，决定以召开纪念“五一”国际劳动节大会为契机，发动合肥西乡官亭、北分路口、雷麻店的农民群众扒粮，并派出游击队和县委侦察队暗中保护群众，共夺得粮食 20 多万斤。这次西乡扒粮斗争，是合肥地区党组织引导农民群众将经济斗争与政治斗争结合起来的一次有益尝试。

双河集武装暴动

为配合鄂豫皖苏区红军第三次反“围剿”，1931 年 9 月，中共皖西北中心县委决定在合肥北乡双河集举行武装暴动，创立新的苏区。1932 年 4 月，崔筱斋、李星三指挥双河集、造甲店、白小河等地农会会员统一行动，在北乡游击队、赤卫队和红枪会的武装保护下，将双河集一带南北 20 里、东西 30 里范围内大地主的粮食全部扒光，并夺取了双河集联防办事处、下塘集团防局的枪支 40 余支。后因国民党正规军队和地方民团的报复镇压，崔筱斋等人被迫带领游击队主力向大别山苏区转移。双河集农民暴动虽然失败了，但却有力地打击了国民党的反动统治，为合肥地区工农民主统一战线活动增添了光彩的一页。

三、组织合肥地区工人开展罢工斗争

土地革命战争时期，合肥城内没有像样的工厂企业，工人主要分布在糕饼业、布业、染坊、米行及码头搬运等行业，他们生活困苦，工资很低。为争取给工人增加工资福利，1928 年 6 月，中共合肥特别支部发动合肥糕点行业工人举行罢工；在糕点行业工人的带动下，合肥理发业、木工业和碾米业的工人也先后举行罢工。这次罢工浪潮还波及庐江、舒城和皖中等地。同年秋，合肥理发工人为争取人权罢工。1931 年春，庐江矾矿工人为争取增加工资罢工。此后，合肥地区不同行业的工人多次举行罢工、罢市，得到各界人士的支持。为引导工人运动由经济斗争逐步上升为政治斗争，1932 年 4 月，中共皖西北中心县委遵照中共中央的指示，一方面积极组建赤色职工会组织，一方面针对工人运动的特点，决定在节日、纪念日和资方裁员及物价上涨等情况下，适时发动工人运动。同年 5 月，合肥赤色职工工会发表了《“五一”示威告劳动民众书》，组织了纪念五卅运动的示威游行和罢工。1933 年秋冬，庐江白石山船工举行了罢工。这些罢工斗争，不仅给国民党当局和资本家以打击，而且使合肥地区的工人队伍通过斗争得到了锻炼。

四、合肥各界抗日救亡运动的兴起

1931 年九一八事变爆发后，中国共产党以民族利益为重，主张停止内战，一致抗日。9 月 22 日，中共合肥中心县委与共青团合肥中心县委召开联席会议，通过了《关于反对日本帝国主义出兵占据东三省的工作决议》，决定在合肥城乡建立反帝运动委员会，把反帝运动同土地革命运动紧密结合起来。9 月底，合肥学生与各界青年举行了九一八国耻大会。10 月 5 日，省立第六中学、第六女子中学的学生与合肥市民万余人，举行了规模空前的抗日反蒋大会，通电国民党政府和全国各地，要求国民党当局对日宣战；不准装运和贩卖日货；颁发惩治汉奸贩卖日货条例；通告全国各校停课三日实行军训，准备对日作战。会后举行抗日示威大游行，散发传单，张贴标语，高呼抗日口号。合肥第六女中校长王德均组织十几名学生参加义勇军敢死队，准备随时开赴抗日战场。1932 年上海一・二八事变爆发后，中共合肥中心县委为反抗日本侵略，抵制奸商偷运日货，组织发动了工人、学生万余人，走上街头游行示威。三河镇工人成立了“抗日会”，提出“抵制日货、反对侵略、对日宣战”等主张，积极声援上海。

第三节　抗日战争时期的抗日民族统一战线

一、合肥地区的抗日民族统一战线

第二次国共合作

1937 年 7 月 7 日爆发的卢沟桥事变，全面拉开了全国抗日战争的帷幕。在中国共产党倡导和推动下，同年 9 月 22 日，国民党中央通讯社公布了《中共中央为公布国共合作宣言》（以下简称《宣言》），第二天，蒋介石发表了“对中国共产党宣言的谈话”。以《宣言》和蒋介石谈话的发表为标志，国共两党第二次合作正式形成。

抗日民族统一战线的建立

第二次国共合作后，中国共产党积极贯彻全面抗战路线，组织派遣一批中共党员到合肥地区建立和发展地方党组织，领导人民群众开展抗日斗争，广泛建立抗日民族统一战线。1937 年 8 月起，经中共中央的交涉，一批被关押在国民党监狱的中共党员相继获释。同年 11 月，李世农等一批合肥籍和曾在合肥地区工作过的中共党员受中共驻南京办事处的委派，成立了中共皖中工委。1938 年 1 月，在延安中央党校和“抗大”学习的中共皖西北原特委领导成员曹云露、张如屏，受中共中央组织部派遣返回安徽，在合肥北乡杨家庙组建了中共安徽工委，曹云露任书记、张如屏任组织部长兼统战部长。中共安徽工委建立后，积极开展统一战线工作，恢复和发展地方党的组织。整个抗战时期，合肥地区先后建立了 12 个县级中共地方党组织（中共寿县县委、合肥工委、肥西工委、肥东工委、合肥中心县委、合肥县委、肥东县委、全合县委、定合县委、淮南铁路工委、合巢工委、巢合庐中心县委、合巢县委），通过广泛发动群众、支援抗日前线、组织抗日团体、整编地方武装，开展抗日和反摩擦斗争，不断巩固和扩大抗日民族统一战线。1938 年初，国民党新桂系出兵安徽抗日，国民党合肥县政府成立了民众动员委员会。在抗日民族统一战线旗帜下，国共两党军队、抗日武装和各界民众在合肥地区同仇敌忾、一致抗日，有力地打击了日本侵略者。

二、国共两党在合肥地区合作抗日

新四军挺进合肥地区抗日

1938 年 3 月，新四军第四支队誓师东进抗日。4 月，进至庐江县金牛镇、盛家桥一带。5 月，取得首战蒋家河口大捷。随后，四支队又相继取得范家岗、棋盘岭和庐江县城战斗的胜利，迅速打开了合肥地区抗日局面。1938 年 9 月，四支队七团在合六、合安、舒六等公路沿线全线展开伏击战，八团在肥东梁园一带打击汉奸武装。其中，七团在不到一个月时间内，先后在合肥西乡花子岗、五十里埠、三十里岗和合肥城郊，成功伏击十余次，沉重打击了日军汽车运输线；八团在梁园、石塘桥、马集、龙城一带成功地击溃了葛传江、杨建舟汉奸武装，在合肥东北磨店子消灭了汉奸刘孟乙的伪维持会，在桥头集对日军据点连续 3 次袭击、破坏铁路数十里，并打退了日军对八团驻地的两路偷袭，真正打出了新四军的抗日威名。1939 年 1 月，新四军四支队第二游击纵队扩建为新四军江北游击纵队，东进到皖东津浦铁路两侧活动。1939 年 5 月，新四军在庐江县东汤池成立江北指挥部，开始创建皖东抗日根据地。7 月，在长江以北的新四军部队整编为第四、第五支队和江北游击纵队，其中，四支队以定远藕塘为中心开辟了津浦路西抗日游击根据地，五支队以来安半塔集为中心开辟了津浦路东抗日游击根据地，江北游击纵队坚持在巢县、无为、庐江一带开展敌后游击战争。江北游击纵队积极巩固巢湖以南抗日游击根据地，并广泛团结地方抗日力量，成功地争取了巢南山区大刀会武装，将其改编为巢南独立团。1941 年 3 月，新四军第二师决定抽调部分武装配合地方开展敌后游击战争，以实现“坚持路西，巩固路东”战略任务。6 月，二师十八团政治处主任杨效椿带领 80 余人越过淮南铁路进入寿县境内，组建了淮西独立团，活动在北起淮河，南至吴山庙、西四十铺，东起水家湖西数里，西至瓦埠湖滨，方圆 100 余里。淮西独立团在人少武器差的情况下，充分宣传群众、组织群众，采取军事打击和政治攻势结合，多次粉碎日伪顽军的“围剿”和“扫荡”，从北到南，由点到面，不断创建和扩大敌后抗日根据地，建立抗日民主政权。1941 年皖南事变爆发后，新四军重新整编，活动在津浦铁路两侧的第四、第五支队等部改编为第二师，活动在巢湖东南的江北游击纵队及从皖南突围到江北的新四军部队改编为第七师。合肥地处二师、七师之间，大块地区被日、伪、顽三股势力所控制。从 1941 年 10 月起，合肥地区中共党组织积极配合新四军部队，成功开辟了二师、七师交通线，保证了淮南、皖江两块抗日根据地的物资交流和人员往来，一直保持到抗战胜利。

合肥保卫战

1938 年 4 月，日军第 6 师团板井支队侵占芜湖后，为配合徐州会战，开始北犯合肥。当时，国民党在合肥驻军只有第 11 集团军的一个旅。为“确保淮南要地，阻止日军北进”，第 26 集团军第 10 军第 41 师、第 48 师奉命由湖北英山、河南商城移防合肥，在合肥城内三育女学（今南门小学）设立总指挥部。其中，第 48 师 142 旅布防于合肥城、店埠一线，144 旅布防于梁园、八斗岭一带，第 41 师布防于合肥东北元疃、靠山集、曹家店一带，合肥警备司令部所属的保安第 5 团、第 7 团和巢湖水警部队炮兵团统归总指挥部调度指挥。1938 年 4 月 30 日，日军占领巢县和合肥东南的夏阁镇，待机进攻合肥。5 月 10 日，日军兵分两路，一路由巢湖乘船偷渡至烔炀河；另一路沿淮南铁路沿线向合肥方向推进。5 月 11 日拂晓，中国军队与日军在龙泉山至白马山一带开始交火，战斗一直持续到 5 月 14 日，其中以合肥城南的朱家岗、王大郢、葛小店的战斗最为激烈，中国军队多次与日军展开肉搏。由于敌我力量过于悬殊，5 月 14 日下午，合肥沦陷。在英勇悲壮的合肥保卫战中，中国军队中下层官兵不畏强敌，浴血奋战，伤亡严重，表现出中国军人英勇不屈、顽强抵抗的精神。合肥失守后，国民党第 26 集团军被调往其他战场。1938 年底，桂系第 21 集团军重返合肥地区，其中第 7 军 138 师 412 旅、414 旅进驻合肥西乡，第 48 军 176 师进驻津浦路西的瓦埠地区。

大蜀山歼灭战

合肥沦陷后，日军在合肥先后建立伪政权，招编伪军，占领淮南铁路沿线要点。中国军队以广大乡村为根据地，不断打击日伪军的扫荡和淮南铁路沿线的各据点。1940 年 1 月 3 日，驻合肥的日军城防司令官三浦中佐率两个中队到合肥西乡周新街（今农兴集）扫荡，国民党军队第 183 师 414 旅旅长郭少文、第 412 旅旅长龙炎武在组织部队反击的同时，紧急电请新四军江北纵队和周边友邻部队共同围歼日军。日军在仓惶撤退途中，被合肥抗日人民自卫军第 1 大队堵截，只得改道向大蜀山方向撤退，又被早已赶到的安徽省保安第 5 团阻击。4 日下午，三浦中佐和 200 多名日军全部被击毙。与此同时，合肥城内的日军派出 100 余人出城接应“扫荡”部队，而新四军江北纵队的增援部队已越过淮南铁路线，赶到了合肥西郊十里庙附近设伏，当场毙敌数十名，残存日军仓惶逃回城内，紧闭城门待援。国共军队和地方抗日武装乘胜追击，5 日中午，炮击合肥城内日军，击毙由蚌埠赶来增援的日军少将小琦。这场大蜀山歼灭战，是国共两党军队在合肥地区合作抗日、配合较好的一次典范战例，沉重打击了日军的嚣张气焰，显示出中国人民不畏强暴、敢于战斗的英雄气概。

三、合肥地区民众抗日团体

合肥县民众动员委员会

1938 年 3 月，国民党第五战区在六安成立了安徽省民众总动员委员会（简称动委会），这是一个半官方、半民间的抗日团体，虽由国民党政府主持，但大部分成员为共产党人和进步人士，主要任务是宣传抗日救亡，动员各界民众支援抗日，开展锄奸、征募、慰劳等。1938 年 6 月，合肥县民众动员委员会在合肥西乡刘老圩成立。不久又相继成立了合肥县抗日工作团、合肥县妇女抗日工作团。合肥县动委会最初被国民党合肥县党部书记路世奎把持，1939 年 10 月，中共党员田兰田担任县动委会指导员，在动委会和工作团中成立了中共支部。由于中共地方党组织在动委会中采取正确的方针政策，县动委会在合肥抗日救亡工作中发挥了积极作用，得到了进步人士和人民群众的支持。

形式多样的民间抗日团体

合肥沦陷后，合肥地区各界民众纷纷组织起抗日后援会、抗敌协会、战地服务团等抗日团体。1938 年 6 月，合肥东乡一批热血青年在石塘一带组织了“合肥东乡抗日救国协会”，后在新四军四支队八团的宣传和帮助下，改名为“合二区青年抗日救亡协会”。不久，众兴、唐井、响导等地相应建立青年抗日团体。在青年抗日救亡协会的影响和带动下，合肥东乡大小集镇几乎都建立了群众性抗日团体，“工抗会”、“农抗会”、“商抗会”、“妇抗会”、儿童团等各种抗日团体如雨后春笋般迅速涌现。1940 年，合肥县潜山、江夏、长镇等地成立了青年抗日救国协会，他们与广大民众一起协助中国军队挖战壕、筑工事、运弹药、送饭菜、抢救伤员。这一时期，合肥抗日游击队伍的每次战斗都有民众自发组成担架队护送伤员，运送武器弹药和粮草。

四、合肥地区地方抗日武装

抗日民族统一战线建立后，合肥地区地方抗日武装蓬勃兴起。既有民众自发组织的民间抗日武装，也有中共地方党组织和爱国进步人士建立的抗日游击队，以及国民党政府组建的抗日自卫军等。

民间抗日武装

全国抗战爆发后，合肥地区一些进步人士和名门望族等自发行动起来，或毁家纾难，或招募乡丁，积极筹组民间抗日武装。1937 年，合肥南乡六家畈吴中英、吴中流兄弟联络国民党安徽省党部委员李蔚唐、黄麓师范学校校长杨效春等人，成立了合巢水陆联防办事处，募集枪支，操练演习，准备抗日。吴氏兄弟后来因遭到诬陷被杀害，造成了冤案。随着抗战形势的发展，合肥地区广大民众纷纷组织起来杀敌抗日，民间抗日武装蓬勃兴起。合肥沦陷以后，在合肥城内，部分市民群众自发组织“摸瓜队”，暗杀日军。在东乡，青龙厂、古城、西山驿、山王集等地村民自发组织自卫队，配合新四军和地方游击队打击日伪军。在北乡，广大群众纷纷组织民兵队，下地劳动带着武器，一有敌情就投入战斗。烟墩集、三河镇等地民众组织了民枪队和抗日自卫队，经常击杀进村扰掠的日伪军。

抗日游击队

抗日民族统一战线建立后，合肥地区中共地方党组织积极组建地方抗日武装，在广大乡村开展抗日活动。1938 年，中共党员赵干臣等人以安徽省抗日动员委员会委员名义，在合肥南乡组织了一支抗日游击队，后改编为肥南抗日游击队，配合新四军四支队作战；次年春，肥南抗日游击队整编为新四军四支队九团三营。1938 年 5 月，桂俊亭、凌正明在合肥西乡大潜山一带成立了合肥抗日游击队，同年 7 月，合肥抗日游击队扩编为舒（城）六（安）合（肥）抗日支队，主要活动在舒六合边界地区，不断打击日军；次年 7

月，舒六合抗日支队整编为新四军五支队十五团二营。1938 年 9 月，爱国人士阚伯衡等人在合肥东乡马集、阚集一带成立了淮南抗日义勇军大队，活动于石塘、马集、阚集、王铁、桑园、龙城地区，在开展抗日除奸的同时，还帮助新四军筹集粮款，帮助给养问题；次年 11 月，淮南抗日义勇军大队一部与石塘一带中共党员和进步青年一起，组建了石塘地区抗日游击大队，新四军江北游击纵队二大队派出张灿明担任教导员。

安徽人民抗日自卫军

1938 年 2 月，在共产党人和国民党左派的推动下，国民党第五战区司令长官兼安徽省主席李宗仁组织了安徽人民抗日自卫军。自卫军主要由各地民众武装组建而成，共有五路。其中，第一路军第二支队由郑抱真担任司令，主要活动于合肥北乡吴山庙一带，查奸细、打日伪，与新四军合作开展抗日游击斗争；同年底，郑抱真率部到合肥北乡青龙厂一带，与新四军一部组编，成立了淮南抗日游击纵队。第二路军由爱国人士李武德担任司令，主要活动在合肥西乡高刘集一带，经常在合六公路沿线袭击日军交通运输线。1939 年春，国民党安徽省政府主席廖磊以“改编”为名，撤销安徽人民抗日自卫军，大部分自卫军指战员自行解散，一部分加入了新四军。

五、抗日民主根据地的统战工作

建立“三三制”抗日民主政权

新四军挺进合肥地区后，相继在皖东、皖中、津浦路东和路西等地，配合中共地方党组织创建了大片抗日民主根据地。遵照中共中央确定的“三三制”原则，各根据地普遍建立起“三三制”抗日民主政权，即共产党员、非党左派进步分子和中间派各占三分之一。1939 年至 1943 年，合肥地区及周边先后建有 5 个跨地区的县级抗日民主政权，即合肥东南各区联合办事处、合肥县抗日民主政府、寿东南办事处、定合县抗日民主政府、巢合办事处。

各根据地在“三三制”政权建设中，认真贯彻党的统一战线政策，坚持“抗战、团结、进步”方针，争取一切可以争取的力量。如寿东南抗日民主政权，对地方开明士绅广泛联络，在县抗日民主政府和县参议会中安排了各阶层人士；对伪、顽政权中的基层乡保长“又打又拉”，对少数民愤极大、顽固不化者，坚决镇压，杀一儆百，对那些中间者和摇摆不定的人积极争取，促使他们站到抗日一边。与此同时，各抗日民主政权放手宣传发动群众，广泛建立“工抗会”“农抗会”“青抗会”“商抗会”“妇抗会”和儿童团等群众抗日组织；积极发展生产，合肥县各区乡抗日民主政府在开展大生产运动中，成立了变工队，开展拥军拥政、互助合作，替军烈属代耕，帮缺劳力的农户劳动；坚持依靠贫农、团结中农，大力开展减租减息运动，大大提高了根据地广大群众的抗日热情。

击退国民党顽固派反共高潮

抗战期间，合肥地区虽然建立了以国共合作为基础的抗日民族统一战线，但国民党顽固派却不断发动摩擦，掀起反共高潮。1939 年秋，国民党合肥县政府举办了一期保甲训练班，中共地方党组织安排县动委会和县抗日工作团人员参与，遭到国民党合肥县党部诽谤和阻挠，为避免摩擦减少损失，部分动委会、工作团成员被迫撤到皖东和皖中根据地。皖南事变后，国民党桂系顽军不断进犯合肥东北乡周家岗、界牌集、广兴集、梁园、古城、王子集等地，合肥地区中共党组织与新四军一起，坚持“有理、有利、有节”的方针，奋起自卫反击，多次打退顽敌，保卫了抗日民主根据地。抗战胜利前夕，国民党顽固派加紧反共步伐，大举“蚕食”“围剿”抗日根据地。1945 年 4 月、7 月，新四军和中共领导下的地方武装先后取得黄疃庙战役和白龙厂守备战的胜利，进一步巩固和扩大了合肥地区民主抗日根据地。1945 年 8 月 15 日，日本宣布无条件投降。9 月初，国民党安徽省政府迁驻合肥。至此，合肥成为国民党反动派在安徽省的统治中心。

第四节 解放战争时期的人民民主统一战线

一、合肥地区的爱国民主运动

“第二条战线”的兴起

抗战胜利后，全国人民和各民主党派热切渴望国家走上和平发展道路。中国共产党明确提出“和平、民主、团结”的方针，为避免内战、争取和平，毛泽东飞赴重庆谈判，国共双方签署了《政府与中共代表会谈纪要》，即双十协定。但以蒋介石为首的国民党统治集团背信弃义，悍然撕毁停战协定、发动内战。在国民党统治区，民主力量蓬勃发展，民主党派和各界民众反内战、争民主的爱国民主运动不断兴起。为加强对国统区人民运动的领导，1946 年 3 月，中共中央指示各地党组织选派一批干部到城市，开展职工、学生、青年及妇女运动，很快在国统区掀起了以学生运动为先导的“反饥饿、反内战、反迫害”人民民主运动高潮，逐步形成了配合人民解放军作战的第二条战线。合肥地区的民主运动随着全国形势的发展而发展。由于国民党暴虐统治、发动内战，导致物资短缺，物价飞涨，人民生活难以维系，城乡群众为求生存而斗争，饥民抢米、工人罢工、学生游行示威和商人罢市请愿等斗争此伏彼起。这些斗争活动成为合肥地区第二条战线的主要力量，为动摇国民党反动统治、迎来合肥解放创造了有利条件。

饥民抢米

1947 年 4 月 27 日，上海米商为牟取暴利在合肥抢购粮食企图偷运时，被城郊卫杨村饥民全部抢光。5 月 16 日，由国民党士兵押送 500 石粮食外运时，被合肥东郊宋斗湾附近居民强行阻拦，冲突中一名无辜少女遭到枪杀，最终国民党合肥县政府只得接受群众提出的严惩凶手、运回粮食等要求。5月30日，国民党三河军粮采购处的两船军粮，当行至丰乐河时，被四乡饥民全部扒光。

学生游行示威

1947年5月，因国民党青年军殴打合肥中学生谢维尧，合肥青年学生举行了反迫害示威游行，在中共地下党组织的领导下，经民盟盟员郭崇毅和进步人士周景绍的策动，一场大规模的反迫害运动迅速在合肥城乡蔓延开来，一两天内就形成了全市性的学生罢课、商界罢市，民众连日游行示威，国民党安徽省政府慑于学生运动的声势，被迫接受了严惩凶手的要求。1947年6月，合肥私立肥西初级中学学生和工友数十人，拥上聚星街街头游行示威，揭露校方贪污腐败，得到商界支持，许多商店、粮行罢市数日。

工人罢工和民众请愿

1946年，安徽日报社工人愤于合理要求得不到回应，举行罢工。三河榨油厂工人因生活贫困要求增加工资，罢工四天，赢得胜利。1947年4月，合肥县银行全体职员不堪生活重压，要求增加薪酬未果，举行罢工。5月，合肥商业同业工会为减轻税费，组织请愿团向税务局请愿；国民党合肥县机关230余名公教人员要求发放平价米，向国民党参议会请愿。1948年7月，合肥各界代表300余人集会，要求取消因修筑城防工事而向民众摊派的费用，遭到拒绝后，激愤的群众将国民党参议会一名副议长拖出游街，最终取消该项费用。

二、合肥敌后游击区的统一战线工作

巢北、肥东游击区

抗战胜利后，合肥成为国民党反动派在安徽省的统治中心。根据中共中央的决定，新四军采取战略转移，原来活动在合肥地区的主力部队北撤，留下部分力量坚持地方游击斗争。1945 年 10 月，中共苏皖四地委决定成立中共巢北工委，领导合肥东乡人民开展游击活动。1946 年 10 月，新四军二师派人回到肥东山王集地区，组建了一支精干的游击队，他们一方面广泛结交上层民主人士，开展统战工作，得到当地群众的拥护和支持。另一方面积极联合定（远）滁（县）全（椒）等地游击队，使巢北一带游击区逐步连成一片。1948 年淮海战役胜利后，肥东地区国民党军政人员惶惶不安，中共肥东工委和肥东游击大队积极开展统战工作，先后促成了梁园商团团长放下武器，撮镇联防区区长投诚缴械，国民党军陈俊之的部下陈义富投诚，肥南土顽林旭初归顺。

淮西游击区

1945 年 11 月，原淮西独立团和寿县地方武装编入新四军二师后，奉命撤到淮南铁路以东的定远地区。1946 年 1 月，中共苏皖四地委和军分区决定重返淮西，成立了中共寿（县）六（安）合（肥）霍（山）工委，组建了寿六合霍县总队，灵活机动地进行大范围的游击活动。中共寿六合霍工委挺进淮西后，一方面大力开展统一战线工作，广泛宣传发动群众，使广大群众解除思想顾虑，树立革命必胜信心，在淮西敌后逐步建立起区、乡隐蔽政权，不断为游击队开辟和扩大“心腹区”；另一方面积极发展武装力量，打击地方反动势力，不断摧毁敌人情报组织和保甲制度，先后取得“三打高刘集”的胜利。同时，淮西地区的游击斗争有力地支持了合肥城内各界民众的“反内战、反饥饿、反迫害”斗争，使国民党反动统治者经常处于“一夕数惊”的困境。

肥西（南）新游击区

1947 年 8 月，刘邓大军千里挺进大别山，中国人民解放军由战略防御转变为战略进攻，革命形势发生重大变化。同年 10 月，中共中央中原局决定成立中共皖西区党委。12月，中共皖西区党委为开辟新的游击区，成立了中共肥西（南）工委、肥西（南）办事处，随同工委活动的肥西武工队不久扩编为肥西游击队（后改编为肥西支队）。肥西游击队充分运用统一战线优势，与肥西一带20多个乡公所建立了关系，国民党官亭区区长和一些乡长经常为游击队送情报、筹粮草、送弹药。1948年2月，中共皖西区党委批准成立皖西三地委，统一领导和（县）、巢（县）、无（为）、含（山）、合（肥）等地的武装革命斗争。为加强统一战线工作，皖西三地委设立了联络部，由合肥民盟成员郭崇毅任联络科科长，与合肥民盟组织、民革小组等保持密切联系，指导民主党派组织开展秘密的革命活动。这是合肥地区中共党组织在解放战争时期设立的统一战线机构。

三、民革合肥小组、合肥民盟组织的建立与活动

民革合肥小组

中国国民党革命委员会（简称民革）的前身是“三民主义同志联合会”（简称民联）和“中国国民党民主促进会”（简称民促）。1945年10月，谭平山、柳亚子、朱蕴山等人在重庆成立民联，1946年3月，李济深、何香凝等人在广州成立民促。1947年11月，中国国民党民主派和其他爱国民主人士第一次联合代表会议在香港召开；1948年元旦，会议宣布中国国民党革命委员会正式成立。1949年11月，中国国民党民主派第二次代表会议在北京召开，决定将民革、民联、民促及其他国民党爱国民主人士进一步统一为一个组织——中国国民党革命委员会。

民革在安徽和合肥的筹建工作始于1946年7月。当时民联已经成立，李济深、朱蕴山等人决定由丘清英、李海、王汉昭负责筹建安徽民联小组。1947年底民革成立后，在安徽从事地下革命活动的国民党左派、民主进步人士余亚农、朱子凡、戴戟、王贯之、陈天任、李海等人积极响应，分别与民革中央领导人李济深、朱蕴山、何香凝等秘密联系。随后，李海从香港返回

合肥，传达民革中央领导人的指示，筹建合肥民革小组，主要从事反蒋活动，发展民革党员，开展策反工作。1948 年 4 月，余亚农、赵友声、姚燕如、赵彦博等人在合肥朱尧安的家中召开会议，正式成立民革合肥小组，并决定利用私人社会关系，寻求中共地下党组织的帮助，对国民党党政军界开展策反工作。在与中共皖西党组织取得联系后，李海等人利用民革成员多在桂系军队和国民党安徽省、合肥县政府任职的优势，积极搜集情报，传播中国人民解放军在战场上节节胜利的讯息，揭露桂系军队中的贪污受贿等内幕。民革成员王汉昭以安徽省保安司令部保安处处长的身份当上了司令部的情报所所长。合肥民革小组的这些活动，对促进合肥和平解放发挥了积极作用。

合肥民盟组织

中国民主同盟（简称民盟）的前身是 1941 年 3 月 19 日在重庆秘密成立的中国民主政团同盟。1944 年 9 月 19 日，中国民主政团同盟召开全国代表大会，决定将名称中的“政团”二字去掉。

合肥是安徽省内成立民盟基层组织最早的地区之一。1946 年 8 月，受民盟总部的委派，李湘若以“安徽盟务联络员”的身份来到合肥，秘密发展民盟组织。先后入盟的有郭崇毅、童车五、于介藩、窦白萍、张百川、龚衡军、龚兆庆、项有群、郑霞、殷乘兴、杨亚威、彭湃、吴伯敏、刘干、周介如、刘芳松、董光升、倪学渊、哈庸凡、周芜等，盟务负责人先后由李湘若、龚兆庆担任。随着盟员不断增多，1948 年底，建立了“中国民主同盟合肥分部临时工作委员会”，次年 7 月，正式成立“民盟合肥分部”。

1948 年春，合肥民盟盟员与中国人民解放军皖西三分区秘密取得联系，盟员郭崇毅被任命为六（安）合（肥）辖区办事处主任、皖西军区三分区联络科长。在民盟中央的领导和皖西三分区的直接指导下，合肥民盟组织积极开展各项革命活动。民盟成员利用各自社会关系，在国民党军政人员中积极开展策反工作。在合肥城内，利用国民党青年军殴打中学生事件，策动了大规模的“反饥饿、反内战、反迫害”民主爱国运动。在农村地区，组织农民武装，参加解放战争。1947 年，郭崇毅当上雷麻大乡乡长后，组织成立了“兄弟联谊队”，制定“一人受难，大家互助”公约，不久，联谊队改名“中国民主自卫军十二支队”。1948 年 5 月，这支农民队伍加入肥西游击队“六合支队”，后改编成为中国人民解放军正规部队。与此同时，合肥民盟组织还在合肥城内、六合边区、庐江等地建立秘密联络站，为解放军转送情报、购买军用物资；民盟盟员周介如家中设立了秘密电台，其他盟员经常在此收听延安广播，抄录新华社新闻和中共重要文件内容，油印从皖西、巢南根据地带回的宣传材料和传单。这些活动对于合肥中共地下党组织开展工作起到了积极作用。

四、合肥和平解放进程中的统战工作

策动官亭起义

1947 年底，合肥民盟盟员根据中共皖西四地委指示，全力以赴地对国民党军政人员展开政治攻势，组织地方武装起义，为合肥解放作军事准备。经过民盟盟员的活动，已经卸任国民党合肥县参议长的龚衡军，出任了国民党合肥县自卫总队副队长兼官亭区区长，控制合肥城乡十多个连的地方武装，并积极酝酿起义。后因情况有变，龚衡军撤离合肥，出任国民党官亭联防区主任，继续策划武装起义。1948 年底，按照中国人民解放军皖西军区的指示，龚衡军率合肥县国民自卫总队两个大队和官亭区自卫大队近千人，在官亭举行武装起义，起义部队改编为“合肥支队”。

秘密掌控国民党合肥县政权

1948 年冬，淮海战役接近尾声，国民党安徽省军政要员纷纷南逃。经中共皖西三地委书记唐晓光同意，合肥民盟组织利用地方势力，举荐盟员龚兆庆担任国民党合肥县长；为便于开展活动和推行政令，安排盟员殷乘兴、哈庸凡、董光升分别担任县政府的主任秘书、秘书和民政科长。民盟组织利用实际掌控的权力，秘密营救了被国民党安徽省保安司令部关押的中共党员10余人；护送了近200名进步青年到皖西解放区；配合解放军伏击国民党军队征兵、征粮、征夫、抽丁等行为，挫败了国民党军队在合肥地区补充军粮、兵员的企图。

迎接合肥和平解放

1949年1月，国民党刘汝明兵团余部数千人从淮海战场南撤，退驻合肥，在城内外构筑工事，储备粮秣，拉夫派税，准备作困兽斗。合肥民盟组织根据中共地下党组织的意见，决定设法挤走刘汝明，为合肥解放作具体准备。一方面，县长龚兆庆对刘汝明部采取阳奉阴违的策略，不断递送解放军正规部队大军压境的假情报，令刘汝明惶恐不安。另一方面，盟员龚蔚卿多次与刘汝明的旧交、国民党省府顾问朱幼农叙谈，请他劝说刘汝明约束部下不得骚扰地方，并成功劝阻了国民党军队炸火车站、火车头和烧省府等计划，使合肥城内省、县政府档案、电话总机和一些市政设施得以尽可能保全，人民群众生命财产少受损失。1月19日，中国人民解放军华东野战军先遣纵队司令员孙仲德、政委谭启龙进驻合肥梁园镇，当晚就与盟员龚兆庆通电话，下达了做好迎接解放军进城准备工作等命令。21日上午9时许，刘汝明部弃城南逃。下午3时许，华东野战军先遣纵队官兵从合肥东门入城，龚兆庆等国民党军政人员在县政府门前列队迎接解放军。翌日，新华社发表电讯：“合肥国民党军南撤后，城内国民党政府机关和人员，遵照人民解放军命令，各就原职，保护文件、资财，迎接人民解放军和人民政府前往接管。这个榜样，足资各地国民党政府人员效法。”

五、合肥城市接管中的统战工作

接管城市是解放战争后期统一战线工作面临的一个新课题。1949年1月21日合肥和平解放。1月22日，合肥市临时军管会成立，随即按照“自上而下、各按系统、原封不动、先接后分”原则，对城市进行全面接收接管。

正确对待私营工商业

合肥解放之时，近代工业基本处于空白状态，全市仅有私营企业22家，均为作坊式小型工厂，职工282人；私营商业（包括摊贩）1397户，职工2032人。当时，多数私营工商业者对中共政策心存疑虑，有的消极经营，有的抽逃资金，有的停业观望。在接管过程中，军管会始终贯彻“发展生产、繁荣经济、劳资两利”政策，积极向广大私营工商者宣传接管政策，消除他们的顾虑。2月5日，市军管会正式成立，当日就召集工商界各业代表40余人开会，阐明党的工商业政策。2月7日，成立了合肥市商筹会，协助政府动员那些尚未开业的工厂、商店复工复业，并遵守人民政府法令，禁止乘机哄抬物价。至2月25日，全市商店均已恢复营业，只有少数工厂因资金、原料困难未能复工。1949年9月，合肥市第一届各界人民代表会议召开，会上提出要以积极态度看待私营工商业，会后，全市集中财政、金融、贸易、工商联等各方面力量，采取行政和经济相结合的措施，鼓励与扶持私营工商业从恢复转向发展，使私营工商业的生产经营日趋活跃，基本满足了市场需要和人民生活的需求。

没收改造官僚资本

对于原国民党中央银行、中国银行、交通银行、中国农民银行等金融机构，以及汽车站、电灯厂和邮局、电信局、电话局等官僚资本，市军管会在快速接管之后，严格贯彻党的统战政策，按照“原封不动”“不打烂旧机构”原则，对企业保持其技术组织和生产系统的完整性；对原有人员，除个别反革命分子外，采取一律“包下来”的政策，保持原职原薪，解除职工心理顾虑，调动他们的生产工作积极性。同时，建立新的规章制度，成立由进驻干部和职工代表组成的工厂（单位）管理委员会，让职工群众行使民主权利、参与企业管理，为建立国营经济打下了基础。1949年12月12日，合肥汽车修造厂选出7名工人参加工厂管理委员会，成为合肥市首家实行民主管理的企业。

接收改造旧的文教卫机构

市军管会专门设立了文教组，对全市8所公立小学、5所公立中学、5所私立小学、4所私立中学，以及戏院、民间剧社和合肥县卫生院、合肥基督医院等教育文化卫生机构，进行全面接收、接管。根据中共中央关于“有步骤地、谨慎地进行旧有学校教育事业改革工作”的指示精神，对公立学校按序号排定校名，对私立学校更换校名，对城乡私塾逐一登记，对旧的课程进行改造，摒弃反动训导内容，增设政治常识课。在戏院、民间剧团和艺人中开展“改戏、改人、改制”活动；在卫生机构中通过多种渠道，广泛招聘和吸纳卫生技术人员，努力满足人民群众求医看病需求。同时，有计划地对文教机构中的知识分子开展学习时事政策，逐步进行思想改造。

六、合肥市第一届各界人民代表会议的召开

1948年4月30日，中共中央发布“五一口号”，明确提出召开政治协商会议，成立民主联合政府。1949年6月15日，新政协筹备会第一次全体会议在北京召开，通过了《新政治协商会议筹备会组织条例》和新政协代表名额等一系列重大决定。9月17日，召开第二次全体会议，将新政协会议定名为中国人民政治协商会议（简称人民政协），提出在普选的地方人民代表大会召开以前，由地方各界人民代表会议逐步地代行人民代表大会的职权。

1949年1月21日合肥解放后，随即开展民主建政工作。其中最重要的标志性工作就是召开各界人民代表大会。1949年9月初，中共合肥市委、市政府决定召开全市各界代表会议，成立了合肥市各界人民代表会议筹备会。9月11日，召开第一次筹备会议，推选树海为筹备会主任，确定第一次各界人民代表会议名额为150人。

1949年9月25日至28日，合肥市第一届各界人民代表会议在合肥基督教堂隆重举行。中共皖北区党委书记曾希圣、皖北行政公署副主任李云鹤分

别向大会致辞。合肥市市长树海作《合肥市人民政府8个月来的工作总结》报告，中共合肥市委书记李广涛作《建设新合肥的方针与任务》报告。《皖北日报》在头版以《团结人民建设新合肥——合肥各界代表会揭幕》通栏标题，报道了会议开幕式盛况。

第一届各界人民代表会议实际出席会议代表132人、列席22人，代表着不同阶层、社会团体、少数民族和社会各界人士。会议代表名单是经过各个方面反复酝酿和协商确定的，体现了充分发扬民主、团结各界人士、共商国事市事的民主协商原则。其中，党政军机关干部20人、民主代表人士1人、职工代表30人、居民代表6人、农民代表6人、青年团代表5人、妇女代表5人、文化教育界代表11人、工商界代表27人、回民代表6人、中西医界代表1人、慈善团体代表1人、区域代表（包括支前、建设模范）27人、其他方面14人。

会议期间，共收到书面提案75件，其中涉及市政建设19件、文化教育32件、劳资关系14件、工商税收10件。这些提案体现了统一战线人士参政议政的热情和水平，对于建设新政权、巩固新政权，建设新合肥、新经济等都发挥了一定的作用。会议选举产生了合肥市第一届各界人民代表会议常务委员会，李广涛为主席，刘建文、褚石谷为副主席，常务委员会下设秘书处。

合肥市各界人民代表会议，是中共合肥市委在新中国成立之初贯彻党的统一战线方针政策、密切党同人民群众关系的主要形式。从1949年9月到1953年3月，合肥市各界人民代表会议共经历9届。

第二章

社会主义革命和建设时期的人民民主统一战线

1949年10月1日，中华人民共和国宣告成立，揭开了中国历史的新篇章。中国共产党成为领导社会主义革命和建设的执政党，党领导的人民民主统一战线的主要任务由为新民主主义服务，转向为社会主义革命和建设服务。

在社会主义革命和建设时期，合肥统一战线工作大致经历了四个发展阶段：从新民主主义向社会主义过渡阶段，经过三大运动、“一化三改造”等社会改革运动，全市统一战线健康发展，多党合作和政治协商制度不断巩固；社会主义革命全面展开和探索发展阶段，统战工作既取得了重要进展，也历经了曲折徘徊；“文化大革命”期间，统一战线受到严重冲击，甚至被迫中止活动；粉碎“四人帮”后的初步拨乱反正阶段，全市统一战线逐步恢复发展，在伟大历史转折中迎来新的发展时期。

第一节　过渡时期合肥统战工作的全面推进

一、合肥统一战线的工作机构和群团组织建设

中共合肥市委统战部

中国共产党统战工作专门机构的建设历史，可追溯到1935年12月中共中央瓦窑堡会议确立建立抗日民族统一战线后，随着统战工作任务不断加重，一些中共中央派出机构和地方省委，陆续建立了统一战线工作部。1939年1月，中共中央正式成立中共中央统战部。

在合肥解放之前，中共地方党组织多数时候处于地下活动状态。统战工作机构往往随着斗争形势的变化而时立时撤，机构名称也并不固定，如1944年中共寿县县委在合肥北乡设立的城工部，1948年中共皖西三地委设立的联络部。1949年1月31日中共合肥市委成立时，只设立了市委组织部、宣传

部、职工部、财经委和新合肥报社等工作机构和直属单位。为了适应向社会主义过渡时期统战工作的新形势新任务，1952 年 1 月，中共合肥市委增设统战部，负责统一战线各方面的工作，合肥市市长丁继哲兼任部长。

此后，市委统战机关和基层统战队伍建设不断加强。据《丁继哲谈新中国成立初期合肥统战工作》（《合肥文史资料全书》）一文记述：“1952 年底我改任书记后，章嘉乐同志当市长也兼统战部长。以后随着工作任务的繁重，统战部加强力量，配了副职……给统战部配备干部，总是派工作经验丰富、作风深入细致、政策水平高的同志。”到 1954 年，市委统战部共有编制 11 人，当年实际到职 9 人。同时，为了认真落实基层统战政策，在全市各机关、学校、企事业单位党支部中，配备了统战委员。

1953 年 12 月 9 日，中共合肥市委常委会听取了市委统战部专题汇报，研究决定召开全市统战工作会议。中旬，召开了第一次全市统战工作会议。会议传达贯彻全国、全省统战工作会议精神，总结了市委统战部成立以来所做的工作，并对下一步全市统战工作进行了部署。

中国新民主主义青年团合肥市委

1949 年 2 月 8 日，青年团合肥市筹备委员会宣布成立。6 月 10 日，正式成立青年团皖北区合肥市委员会（简称团市工委），由市委宣传部部长黎竞平兼任工委书记。团市工委成立后，积极组织青年投身到各项建设和运动之中，不断扩大团组织的吸引力和凝聚力。经过一年的努力，全市团员已发展到 2800 人。1950 年 5 月，团市工委更名为青年团合肥市委员会（简称团市委）。11 月，青年团合肥市第一次代表大会召开，选举产生了青年团合肥市第一届委员会，黎竞平任团市委书记。

合肥市总工会

1949 年 2 月 18 日，由中共合肥市委职工部主持，成立了合肥市职工总会筹备委员会。5 月 1 日，合肥市第一届职工代表大会召开，选举产生了市职工总会第一届委员会，吴伟任主任。市职工总会成立后，广泛联合全市人民恢复发展生产、建设新合肥，积极团结、组织和教育全市职工，推进工人运动，取消旧工会，并按行业自下而上地组建了 24 个基层工会。同年 6 月，市职工总会改名为市总工会。1950 年，市总工会在对内部组织机构整改后，广泛开展共产主义教育、工人阶级教育，组织广大职工参加“三反”“五反”运动，开展劳资关系协商，进一步扩大了工会在工人群众中的影响力。到 1952 年底，全市基层工会组织发展到 111 个、会员达到 16000 多人。

合肥市妇女联合会

1949 年 5 月 15 日，中共合肥市委召开全市妇女代表会议，成立了合肥市妇女联合会筹备委员会，朱静任筹委会主任。当时由于种种原因，妇女运动和筹建工作进展缓慢，没能立即打开局面。1951 年三八节期间，市妇联筹委会发动各界妇女 7000 人参加抗美援朝游行示威和签名活动，引起各界广泛关注。不久，中共合肥市委召开了全市各界妇女代表会议，要求有关部门积极支持妇女工作。1952 年 8 月 16 日，合肥市第一次妇女代表大会召开，正式成立合肥市民主妇女联合会（1958 年 1 月后改称为合肥市妇女联合会），赵宝玲当选为主任。

合肥市工商业联合会

为广泛联合工商界人士，1949 年 2 月，合肥市商会筹委会成立。同年 5 月，全市 28 个行业成立了行业委员会。9 月，市商会筹委会撤销，成立了市工商业联合会筹备委员会。1951 年 4 月，市工商联筹委会召开第一次会员大会，正式成立合肥市工商业联合会（简称市工商联），选举产生了第一届委员会，褚石谷当选为会长。1952 年 3 月，市协商委员会召开第七届合肥市各界人民代表会议，鉴于当时正在开展“五反”运动的形势，会议期间宣布解散工商联，但不久又恢复了。同年 12 月，市工商联召开第二次会员代表大会，选举刘璧城为市工商联会长。市工商联建立前后，在中共合肥市委和市政府的领导下，积极组织广大工商业者发展生产、繁荣经济、参加学习、爱国守法，在向党和政府反映意见、协调商事争议、开展各种活动、推进社会改革运动等方面，发挥了不可或缺的作用，为新中国成立初期合肥的经济恢复与发展作出了积极贡献。

二、合肥民主党派组织的发展

新中国成立后，中共中央高度重视和支持民主党派发展组织，不断巩固和发展多党合作和政治协商制度。1951 年初和 1952 年 6 月相继召开的第二次、第三次全国统战工作会议，都专题研究了民主党派组织发展问题，确定了各民主党派的活动范围和发展重点。合肥解放之初，民主党派组织仅有民革、民盟的小组、支部，党派成员人数不多、机构也不够健全。为贯彻落实中共中央关于支持民主党派发展的方针政策，中共合肥市委积极帮助和指导各民主党派进行内部整顿，加强组织建设，发展组织成员。到 1959 年，全市相继建立 5 个民主党派市级组织和筹备机构。

民革合肥市委会

民革在合肥市建立组织始于 1948 年 4 月，成立了合肥民革小组。1950 年 3 月，民革安徽省分部筹委会成立后，决定由余亚农负责皖北区民革组织的筹建，同时兼任民革合肥支部筹委会负责人。1952 年，皖南、皖北两个行政区合并成立安徽省人民政府后，民革合肥支部筹委会归并到民革安徽省分部筹委会。1954 年 6 月，民革安徽省委员会成立，民革合肥支部及基层组织由民革安徽省委员会统一领导。当时，全市有民革党员 36 人。1959 年 6 月 14 日，民革合肥市第一次党员代表大会召开，正式成立民革合肥市委员会，冯宏谦当选为主委。

民盟合肥市委会

1946 年 8 月，民盟总部委派李湘若到合肥发展盟员，但未能正式建立组织机构。1949 年 6 月，民盟总部上海执行部经与合肥市军管会联系，正式批准成立民盟合肥分部临时工作委员会，任命郭崇毅为主委，李春坊、童车五为委员。这是民盟在安徽成立的第一个市级组织。由于解放前安徽民盟组织较为混乱，民盟合肥临时工委成立后，根据民盟总部的指示，积极开展盟务整理，对 1949 年前入盟的盟员进行重新申请、登记审查，同时按照“三为主”的方针吸收盟员（以知识分子为主、以文教界为主、以大中城市为主）。1951 年 1 月，民盟总部撤销民盟合肥分部临时工委，成立民盟皖北支部临时工委，兼管合肥市盟务工作。到 1954 年，民盟在合肥市建立的基层组织共有 7 个区分部、14 个小组，盟员总数 73 人。1956 年，民盟总部改称民盟中央，民盟安徽省支部随之改为民盟安徽省委员会，继续兼管合肥市盟务工作。1959 年 6 月，民盟合肥市第一次盟员大会召开，正式成立民盟合肥市委员会，王铸之当选为主委，梁慧德、徐云青为副主委。

民建合肥市委会

1952 年 11 月，合肥市工商界人士张东野、刘壁城等人在合肥市委统战部的指导和支持下，成立了民建合肥市分会筹备处。1953 年 12 月，民建合肥市第一次会员大会召开，成立了民建合肥分会，潘锷鏱当选为主委，张东野为副主委。当时，民建合肥分会有工商界会员 32 人、非工商界会员 22 人，编为 3 个小组。1956 年 8 月，民建合肥市第二次会员大会召开，正式成立民建合肥市委员会，张东野当选为主委，刘壁城、周锦璋为副主委，会员已发展到 110 人，设有 6 个支部。

农工党合肥市委会

农工党早在 1928 年酝酿组党时期就在安徽省发展党员。1950 年，农工党安徽省特派员李湘若在芜湖组建农工党安徽省党务整理机构，行使农工党党务管理的职权。到 1954 年，合肥市共有农工党党员 36 人、支部 4 个。同年 8 月，在合肥市委统战部指导、支持下，农工党合肥市工作委员会成立，取代农工党芜湖工作委员会，开始行使省级党务管理职权。1959年6月，农工党合肥市第一次党员大会召开，正式成立农工党合肥市委员会，何谦堂当选为主委、赵建五为副主委，党员发展到45人，设立5个支部、1个小组。

九三学社合肥分社筹委会

九三学社在安徽建立组织始于1953年，先后成立九三学社安徽大学小组、安徽农学院小组。1954年，安徽大学分立师范学院、农学院，其中师范学院留驻芜湖，农学院迁到合肥。到1956年，九三学社安徽农学院小组社员发展到12人。1957年初，九三学社中央批准成立九三学社合肥分社筹备委员会。1957年1月20日，九三学社合肥分社筹备委员会召开社员大会，选举万昕为主委，赵伦一、刘钧为副主委。

三、三大运动中的合肥统战工作

新中国成立后，为彻底完成新民主主义革命，中国共产党在建立和巩固政权、恢复和发展国民经济的同时，开展了抗美援朝、土地改革和镇压反革命三大运动。1951年1月，毛泽东在第二次全国统战工作会议上提出，当前统一战线的任务是与三大运动相结合，积极争取知识分子、工商界、宗教界、各民主党派、少数民族人士等参加三大运动和适当工作，在运动中使他们受到教育，并经过运动，推动和扩大统一战线。在三大运动中，合肥市人民民主统一战线经受了考验和锻炼，得到了进一步巩固和发展。

抗美援朝运动

1950年6月25日，朝鲜内战爆发。美国出兵朝鲜进行武装干涉，将战火燃烧到中国东北边境。在新中国面临着来自外部威胁之时，中共中央果断作出抗美援朝的重大战略决策，得到全国人民的积极响应和坚决拥护。同年7月，全国政协发起“和平签名运动”，合肥市各民主党派、人民团体和各界群众仅在7月18日一天，就有4.5万人参加签名；合肥民革、民盟、农工党组织还联合发表《告同胞书》，反对美帝国主义侵略政策，反对使用原子弹武器；各界群众开展了“反对美国侵略朝鲜、霸占台湾”宣传周活动。10 月 19 日，中国人民志愿军开赴朝鲜战场，全国各地迅速掀起了轰轰烈烈的抗美援朝运动热潮。11 月，合肥市成立了抗美援朝分会，通过组织宣讲会、报告会、游行示威等方式，在全市广泛宣传抗美援朝运动。1951 年 2 月，民盟皖北支部在《皖北日报》发表文章，反对美国重新武装日本。3 月 12 日，第三届合肥市各界人民代表会议订立了《合肥市各界人民爱国公约》。4 月 25 日，市工商联组织工商行业 3000 多人举行“集体纳税、支援抗美援朝”大游行活动。6 月下旬，中共合肥市委组织庆祝志愿军出国作战一周年纪念活动，召开了抗美援朝各界代表会议，认捐一架“合肥号”战斗机（旧币 15 亿元，下同）支援前线，全市各界立即掀起捐款捐物热潮。皖北民盟支部临时工作委员会捐款 6240.2 万元，其中民盟皖北支部主任委员沈子修除了一次性捐出 50 万元，每月还另捐 5 万元；新民戏院、皖北实验文工团将周末义演所得全部捐出；市工商界通过努力生产、改善经营，筹款认购“合肥工商号”战斗机一架；12 月 24 日，市工商联组织 7400 余人举行“抗美援朝、保家卫国”游行集会，订立爱国公约。在抗美援朝运动中，合肥市统一战线表现出高度的反帝爱国热情，促进了人民民主统一战线的巩固和发展。

土地改革运动

1950 年 6 月 28 日，中央人民政府委员会第八次会议通过《中华人民共和国土地改革法》，6 月 30 日，毛泽东主席签署命令，正式颁布。根据中共中央和中共皖北区党委统一部署，合肥市从 1950 年 9 月到 1952 年春，有计划、有步骤、分期分批开展了轰轰烈烈的土地改革运动（简称土改运动）。由于民族资产阶级、民主党派和无党派民主人士中的一部分人同地主阶级和土地有着千丝万缕的联系，其中一些人或本身就是地主兼工商业者，或是从地主阶级分化出来的，他们的自身利益同土地制度改革存在着矛盾，因而对土改运动有的存在不同看法，有的甚至有抵触情绪。为此，中共合肥市委和市土地改革委员会负责人分别约请各民主党派、无党派民主人士代表进行协商座谈，摆事实、讲道理，沟通思想，交换意见，在《中国人民政治协商会议共同纲领》基础上统一认识。同时，注意保护与农村有联系的民族工商业和民主人士，组织民主党派成员和民主人士参观视察土改工作。通过深入细致的统战工作，各民主党派成员和无党派人士对土地改革运动纷纷表示坚决拥护和支持，并且积极参与、投身到土改工作之中。1951 年 10 月，市委统战部组织民主党派和民主人士观看了皖北行署举办的“皖北区土地改革展览会”。1951 年 11 月，民盟合肥市分部盟员李湘若、王铸之、孙稼田、张羽白、孙百明、魏宗金、王应文等参加了皖北区第二期土改工作；市工商联派员参加市土地改革城乡联络委员会，协助开展工作，并安排刘秉钧、郝仲英等 7 人参加皖北土改工作团，前往怀远县开展土改工作。

镇压反革命运动

新中国成立之初，残留下来的一些土匪、恶霸、国民党特务及各种反动会道门头目等，伺机进行破坏和捣乱。朝鲜战争爆发后，他们自以为美蒋“反攻大陆”的时机已到，更加明目张胆地进行反革命破坏活动。为了肃清反革命分子，巩固新生的人民政权，1950 年 10 月，中共中央发出《关于镇压反革命活动的指示》，在全国开展了镇压反革命运动。合肥市各民主党派对这场镇压反革命运动表示坚决拥护，积极协助政府工作，检举揭发反革命分子，如合肥民革组织通过清理混入民革党内的反革命分子和不良分子，提高了组织的纯洁性。在运动初期，也有极少数党外人士特别是那些与国民党反动派有历史渊源的人，思想上疑虑重重。1951 年 3 月和 6 月，中共中央先后发出《关于在镇压反革命中处理涉及民主党派民主人士爱国分子问题的指示》《关于在土改和镇反中对高级民主人士家属照顾和宽大处理的规定》后，中共合肥市委认真贯彻中央指示精神，并通过介绍重大案件、通报镇反情况等多种方式，向民主党派成员、无党派民主人士及各界代表人士，深入宣传政策，消除各种疑虑；同时，主动邀请民主党派和无党派人士参加对反革命案件的调查处理和评议。1951 年 5 月 23 日，合肥市成立反革命案件审查委员会，民盟盟员童车五和 9 名党外人士担任委员，协助公安、司法部门审查案件，参与量刑讨论。通过学习和事实的教育，许多党外人士划清了界线，坚定了立场，有力地支援了镇压反革命运动。

四、知识分子思想改造运动与知识分子工作的开展

团结争取知识分子

合肥解放初期，大多数知识分子都是从旧社会过来的，他们对新社会、新事物大多不了解、不熟悉，许多人都有重新学习的愿望。中共合肥市委、市政府按照党对知识分子实行团结、教育、改造的方针，一方面对被接收接管的文教机构和其他领域中的知识分子实行“包下来”的政策，让他们继续从事专业工作，用其所长，为建设新合肥服务。另一方面组织知识分子学习时事政策文件，让他们深入地了解中国革命、了解共产党、了解新社会。1949 年初，合肥市开始组织青年学生学习、培训。当时，各地都在办各种形式的干校、培训班，合肥市吸收了大批青年学生到青年干校和干训班学习，并介绍推荐他们到华东军政大学及天津等地高校学习深造。到 1949 年底，全市共培训、输送青年学生 2800 人。通过这种学习教育，为青年学生逐步树立革命的人生观打下了初步基础。

开展知识分子思想改造的学习运动

1950 年，市教育部门通过在职轮训、暑期集训的方式，对教师队伍进行思想教育和改造，帮助他们提高政治觉悟。1951 年前后，中共合肥市委通过民主党派基层组织，在党派成员较多的合肥一中、市二初中、合肥师范等学校的骨干教师中，开展思想改造工作。1951 年 11 月 30 日，中共中央发出《关于在学校中进行思想改造和组织清理工作的指示》，主要解决划清敌我界限、树立为人民服务思想等问题。合肥市知识分子思想改造运动分两批进行，

从1952年7月起至1953年寒假结束。其中，全市中学教职员参加在芜湖举办的全省中学教职员思想改造集训（7月25日至9月19日），小学教师全部集中在本市，由市学习委员会组织领导。7月20日至8月14日，市学习委举办“合肥市小学教师暑期教师研究会”，组织400多名小学教师学习政治理论和政策文件，为思想改造运动打基础；11月起，集中进行思想改造。

由教育界率先开始的学习运动，逐渐扩展到整个知识界，发展成为全市规模的知识分子思想改造学习运动。1952年6月，安徽省暨合肥市文艺界学习委员会成立，并在省、市文艺界领导干部中开展思想改造学习运动，合肥市还重点对旧艺人进行思想教育和改造。随后，全市各民主党派、无党派民主人士及工商界、宗教界人士也相继开展了学习运动。

贯彻执行党的知识分子政策

经过思想改造运动，大部分知识分子抛弃了旧思想，初步接受了马克思主义的世界观。但在运动中也存在一些简单、粗糙的做法，给知识分子造成了一定的思想压力。中共合肥市委对此及时作了纠正，特别是进入过渡时期以后，进一步在工作、学习和生活等方面关心知识分子，并开始在知识分子中开展建党工作，改善党员干部与知识分子的关系，取得了一定成绩。1956年1月，中共中央在广州专门召开知识分子会议，周恩来在会上首次提出中国知识分子绝大部分“已经是工人阶级一部分”的著名论断。中共合肥市委积极贯彻执行党的知识分子政策，同年11月，对全市知识分子中存在的用非所学现象进行检查、调整。12月，召开全市高级知识分子座谈会，鼓励知识分子响应党的号召，继续向科学进军。同时，明确专人负责检查和督办知识分子工作。通过贯彻执行知识分子政策，全市广大知识分子的精神面貌焕然一新。此后直至整风反右运动前的一段时间里，他们都在各条战线上兢兢业业、无怨无悔、勤奋工作，努力为合肥的建设发展贡献力量。

五、宗教界的“三自”爱国运动和民主改革

新中国成立后，国内外敌对势力企图继续利用宗教反对新生的人民政权，

进行各种破坏活动。对此，中共中央一方面进一步坚持和发展对宗教爱国民主人士的统一战线政策，邀请宗教界爱国人士代表参加政协会议、参政议政；另一方面，采取积极慎重的工作方针，针对各宗教的实际情况制定具体政策，引导基督教、天主教割断与帝国主义的联系、肃清其影响，推动佛教、道教、伊斯兰教实行民主改革，使宗教界走上正常发展道路，逐渐与新社会相适应。1950 年 7 月，基督教人士吴耀宗等 40 人签名发表《中国基督教在新中国建设中努力的途径》宣言，同年 11 月，四川广元县天主教神父王良佐率教徒 500 多人发表《天主教自立革新运动宣言》。随之，中国基督教、天主教以“自治、自养、自传”为主要内容的“三自”爱国运动在全国范围蓬勃展开。

1951 年 4 月，合肥市基督教“三自”革新运动委员会成立；8 月，汪其天、潘钧祥等牧师发起 200 多名教徒、教友参加爱国签名活动。同年 12 月 3 日，合肥市天主教神职人员和教徒 500 余人举行“控诉帝国主义分子陈兴华大会”，并在会后与合肥基督教教徒共 800 多人举行反帝爱国示威游行活动。陈兴华为墨西哥籍，1948 年以传教为名来到合肥，利用宗教进行间谍破坏活动。12 月 6 日，陈兴华被驱逐出境后，合肥市天主教 124 名教徒联名发表声明，感谢人民政府，表示坚决搞好“三自”革新运动。1953 年 1 月 18 日，合肥天主教经过两年的筹备和整顿，正式成立“合肥天主教三自革新促进委员会”，1954 年 8 月改名为“合肥天主教友爱国会”。

与此同时，合肥市佛教、道教和伊斯兰教也开展了以民主改革和民主管理为内容的整顿，摒弃混杂在宗教中的一些迷信，革除家长制管理的弊端。合肥市政府多次拨款整修寺庙教堂，使离散的宗教执业人员各得其所。通过开展爱国运动和民主改革，全市宗教团体和宗教事业发展出现了新面貌，广大信教群众在参加正常宗教活动的同时，积极参加各项社会活动。

六、人民代表大会制度的确立与人民政协职能的转变

人民代表大会制度的确立

人民代表大会制度是《中国人民政治协商会议共同纲领》明确规定的新

中国根本政治制度。合肥解放初期，由于实行普选的条件尚不成熟，由合肥市各界人民代表会议代行人民代表大会职权。经过三年多民主政治建设的实践，为向人民代表大会制度过渡积累了经验、创造了条件。1953 年 1 月 13 日，中央人民政府委员会举行会议，正式作出《关于召开全国人民代表大会及地方各级人民代表大会的决议》，3 月 1 日，《中华人民共和国全国人民代表大会及地方各级人民代表大会选举法》颁布施行。同年 4 月，安徽省选举委员会首先在合肥市肥西县和东市区进行人民代表大会代表普选试验，随后全市基层普选工作全面展开，并相继召开区、乡人民代表大会。1954 年 7 月 22 日至 25 日，合肥市第一届人民代表大会第一次会议在段家祠堂举行，来自全市各界各阶层的人民代表 170 人出席会议。1955 年 4 月，市人大一届二次会议召开，决定将市人民政府更名为合肥市人民委员会（简称市人委）。合肥市第一届人民代表大会的胜利召开，标志着新中国的根本政治制度在合肥的确立。

人民政协职能的转变

合肥市第一届人民代表大会召开后，原市各界人民代表会议协商委员会由中国人民政治协商会议合肥市委员会（简称合肥市政协）取代。1955 年 2 月，合肥市政协第一届委员会在原各界人民代表会议协商委员会基础上协商产生，由中共、民革、民盟、民建、农工党、工商联、工会、共青团、妇联、学联等各界代表 59 名委员组成，后增补 70 名。经过充分筹备，1955 年 2 月 22 日至 25 日，合肥市政协第一届委员会第一次全体会议召开。会议选举丁继哲为政协第一届合肥市委员会主席，江城（中共）、张东野（民建）、张维克（中共）、童车五（民盟）、万晏南（无党派人士）、刘壁城（工商联）为副主席。合肥市政协一届一次会议的召开，明确了政协组织的性质、地位、作用和任务，明确了人民政协的政治协商、民主监督、参政议政的主要职能，为长期坚持中国共产党领导的多党合作和政治协商制度，奠定了政治基础和组织基础。

七、合肥统一战线参与社会主义改造

1953 年 12 月，中共中央正式提出党在过渡时期的总路线，确定了逐步实现国家工业化和对农业、手工业、资本主义工商业实行社会主义改造（简称“一化三改”）的总任务。中共合肥市委迅速掀起学习宣传贯彻高潮，全面开展对农业、手工业和资本主义工商业的社会主义改造，全市统一战线积极参与其中。到 1956 年三大改造基本完成时，全市实现了生产资料公有制，形成了高度统一的计划经济管理体制，标志着社会主义制度在合肥初步建立。

推进农业合作化运动

土地改革之后，中共合肥市委从 1951 年春到 1952 年底，积极引导广大农民组织起来、合作经营，广泛创办农业生产互助组（有临时互助组和常年互助组两种）。互助组按照自愿互利原则，实行集体劳动、分户经营，有力地促进了农业生产，但工作中也出现了强迫命令和放任自流等现象。1953 年 2 月，中共中央《关于农业生产互助合作的决议》下发后，经过不断整顿，合肥地区互助合作运动发展比较平稳。1954 年以后，全市农村互助合作进入发展初级农业合作社的新阶段，形成了不少好经验、好典型。其中，肥西县竹西乡创办的张夹衖村农业合作社和肥东县芦陈乡陈祠村创办的陈祠、青春合作社，还引起了毛泽东的关注，这两个村的典型材料经毛泽东亲自圈阅、加批按语，被选编到《中国农村的社会主义高潮》一书中。1955 年冬，随着初级社的不断壮大和巩固，合肥地区开始大办高级农业生产合作社。高级社是完全社会主义性质的农业生产组织，高级社的土地和其他生产资料从个体私有转变为集体所有。1956 年和 1957 年，针对高级社建成后存在的问题，合肥市开展了多次整顿，特别是纠正了过去不允许地主入社的问题，对因其他原因没有入社的农户也发展入社。经过互助组、初级社、高级社等几个阶段的发展，合肥市全面完成了对农业的社会主义改造，在广大农村地区建立起社会主义集体所有制经济。

引导个体手工业走合作化道路

在农村建立互助组的同时，合肥市从1951年6月起探索开展个体手工业的互助合作。进入过渡时期，大力推广建立手工业生产合作社和生产合作小组，合作社（组）成员实行工资制，同时享受一定的劳保福利待遇。1954年，相继召开了全市手工业者代表会议，成立了合肥市手工业管理局，并在手工业合作社（组）中组建劳动者协会；1955年3月，成立了合肥市手工业生产合作联合社。为深入推进对个体手工业的社会主义改造，合肥市委统战部与市委财经委、市工商局、市工商联等相关部门联合，成立了个体手工业社会主义改造工作办公室，制定了《合肥市手工业社会主义改造工作及全面规划初步意见》，并抽调一批干部和工人骨干组成宣传队，深入到各行各业和各个社（组）广泛宣传合作化政策。1956年元旦，《人民日报》发表社论，提出要在两年内完成手工业合作化任务，合肥市开始全面加快合作化步伐，同年9月，全市手工业合作社发展到31个（其中，供销生产社1个、专业联合社4个、基层生产合作社26个，有的生产合作社后来还发展成为合肥工业的骨干企业），社员5501人，占手工业从业人员的99.24%，基本完成了对手工业的社会主义改造任务，奠定了全市社会主义集体经济的基础。

开展资本主义工商业的社会主义改造

从1953年下半年起，合肥市着手对资本主义工商业进行社会主义改造。当年夏秋，市委统战部在贯彻第四次全国统战工作会议精神过程中，先后组织1700名工商界人士学习工商业改造的有关政策文件，引导他们提高接受改造的自觉性。11月9日，市长丁继哲在1100余人参加的全市私营工商业户大会上，作了《关于爱国守法，接受社会主义改造才有光明前景》的报告，号召广大私营工商业者遵循过渡时期总路线，接受国有经济的领导，经由国家资本主义道路，再逐步地变国家资本主义经济为社会主义经济。1954年8月，中共合肥市委成立了对资本主义工商业的社会主义改造领导小组，市委第二书记杨枫任组长，市委统战部部长张维克任副组长，下设办公室（简称私改办），开始有计划、有步骤地对私营工商业实施社会主义改造。

一是改造私营商业。据1953年底统计，全市共有私营商业1825户、从业人员3770人。对私营商业的改造首先从执行粮食统购统销政策开始。1953年12月5日《合肥市粮食市场管理实施办法（草案）》颁布后，先是将全市52家私营粮商改为国家代销，随后实行棉花棉布统购统销，全市私营棉布商业全部转业歇业。1954年对私营批发商进行改造，先后帮助百货、棉布、新药3个行业中的27家商户走上国家资本主义道路，引导13户从商业批发转向工业生产；随后又对颜料、纸张、锅瓷、新药4个行业进行全行业改造，逐步由国营商业代替。到1955年底，全市私营批发商全部改造完毕。与此同时，贯彻“统筹兼顾、全面安排、积极改造”原则，对全市私营零售商业逐户进行改造。

二是改造私营工业。根据1954年上半年调查，全市10人以上的私营工业企业共13户，普遍存在资金少、设备差、技术水平低、非生产人员多等问题。中共合肥市委针对私营工业的实际情况，区别不同对象、采取不同方法进行改造。首先是对13户私营工厂，派驻干部进厂指导生产、经营、管理，帮助建立各种规章制度，缩减非生产人员，引导私营工厂进行私私合并，并有针对性地开展公私合营试点。1955年9月，市委统战部、工商联报经中共合肥市委、市人民委批准，选择私营光明胶木厂和新华机器修配厂进行公私合营试点，11月20日，这两个厂签订了公私合营合约。同年，印刷行业成立“公私合营印刷业统一业务管理事务处”，探索全行业公私合营。其次是对10人以下小型私营工厂、作坊进行改造，一方面派人指导，一方面给予扶植。与此同时，积极做好迁入合肥的上海企业的改造工作。1954年至1960年共有56户上海企业迁入合肥，其中1957年之前迁入43户。这些企业多数在上海进行了公私合营，迁入合肥后有的独立建厂，有的再次进行公私合营、合并组建新厂。中共合肥市委在推进内迁企业改造过程中，一方面充分发挥这些企业的技术和管理优势，一方面重视做好企业中的知识分子和民主人士的统战工作，为合肥工业的后来发展培训了大批技术骨干和管理人才。

三是实行全行业公私合营。1955 年 12 月，在中共安徽省委召开的干部扩大会上，合肥市提出的改造目标是：在 1956 年对 61 户私营工业全部完成公私合营；将 38 个行业中私营商业全部完成公私合营；将粮油等行业转入国营；将小商贩及摊贩的 95% 分别组织到合作商店、合作小组，或者转为国营商店店员。随后，中共合肥市委再次抽调一批干部组成工作组，下厂、下店广泛开展宣传，通过召开厂务、店务会议和股东会议、家属会议，组织资方人员深入学习政策文件。1956 年 1 月 12 日，市人委批准私营印刷、铁工、皮革、猪鬃加工等 10 个行业实行公私合营，全市私营工业至此实现了全行业公私合营。市工商联为此组织了 300 多人挨厂挨户报喜庆贺。1 月 16 日，市人委又批准五金等 23 个私营商业行业实行全行业公私合营，批准粮油、新药等 5 个行业的 175 户坐商转为国营公司门市部。在不到半个月时间内，全市私营工商业全部实行了全行业公私合营。1956 年中下旬，发行工作转入清产核资和人事安排阶段。在清产核资方面，成立了由公方、资方和工人代表组成的公私合营筹备机构，对生产资料按照“公平合理、实事求是”的原则进行评估核定，对资金定息根据中共中央的规定，绝大部分是年息 6 厘，每季度付息一次。在人事安排方面，对私方从业人员采取“包下来”政策，原则上全部保留安置在原企业工作，并安排担任相应的领导职务；对于他们的薪酬待遇，原来高的不动、低的适当调整。通过企业改造与人的改造结合，既稳定了人心，又有利于生产经营，把私方人员逐步由剥削阶级改造成自食其力的劳动者。

第二节　社会主义建设探索阶段统战工作的曲折发展

一、合肥统一战线工作的良好开端

1956 年社会主义改造基本完成后，中国开始转入全面建设社会主义时期。中共合肥市委在领导全市进行社会主义建设的艰辛探索过程中，取得了重大成就，也出现了“左”的错误。全市统战工作在探索前行中既开创了良好局面，也经受了曲折考验。

学习贯彻中共八大精神

1956年9月，中国共产党召开第八次全国代表大会，作出把党和国家的工作重点转移到社会主义建设上来的重大决策。中共合肥市委认真贯彻落实八大精神，提出“以发展生产为中心，轰轰烈烈地开展社会主义建设”的口号，制定出1956年至1967年工业、农业、商业、科教文卫、城市建设、财经金融、劳动工资、交通运输、邮电、园林绿化等方面未来12年的奋斗目标，迅速掀起学习宣传高潮。全市各行各业把学习贯彻八大精神与生产建设结合起来，积极开展生产劳动竞赛和争当先进生产者活动。统一战线各部门充分发挥自身优势，满腔热情地投入建设实践之中。各民主党派、工商联分别制订了学习贯彻计划，发动和组织各自成员努力为建设社会主义的新合肥贡献力量。

统战人士争当先进生产者

党的八大在明确提出统一战线工作各个方面政策和任务的同时，进一步强调必须继续加强各民族、各民主阶级、各民主党派、各人民团体的团结，继续巩固和扩大人民民主统一战线。全市广大统战人士通过深入学习，精神倍感振奋，工作热情高涨，纷纷立足岗位、发挥专长，积极进行技术革新，提出合理化建议，争当先进生产者。1956年，安徽省、合肥市分别召开社会主义建设积极分子代表大会，一大批民主党派成员和工商业者荣获了先进生产（工作）者称号。民主人士、妇幼保健院副院长龚维蓉与农工党党员朱一星等人，经过精心钻研和多次试验，成功研制出保温降温床、电力吸奶器、婴儿护理急救床等医疗器具。党外高级知识分子、矿山机械厂工程师李全根克服种种困难，成功试制出对冲柴油机。1959年，民建合肥市委会共有51

名会员参加技术革新运动，提出重要技术革新项目122个，实现革新项目78个。民盟合肥市委会针对中等教育中存在的问题，通过召开盟员及所联系群众座谈会，形成了《对当前中等教育有关问题的报告》，提出了解决问题的建议。合肥市委统战部针对资本主义工商业改造过程中存在的一些遗留问题，在市工商联和民建合肥市委会的配合下积极调查核实，给予妥善处理，逐步加以解决。市工商联还发动原私营工商业者及其家属拿出私蓄和实物等，帮助企业融资，在全市工商界掀起了一次增资热潮。

统一战线开展自我改造

1957年2月，毛泽东发表了《关于正确处理人民内部矛盾的问题》重要讲话，强调要用“团结——批评——团结”的方法解决人民内部矛盾。为贯彻落实毛泽东的讲话精神，正确处理好统一战线内部存在的各种矛盾，中共合肥市委坚持用民主的、说服教育的方法，积极组织和引导统战人士开展自我改造。一是通过政治学习进行改造。全市各单位相继建立了经常性的政治学习制度，广大统战人士参加本单位时事政策学习活动。市政协、市委统战部、各民主党派和工商联先后举办多种形式的学习班、专题讲座、政治培训班，加强对统战人士的教育培训，促使他们通过政治学习，不断改造自己的世界观。1957年，市委统战部对全市各机关、学校、企事业单位的统战工作开展了自查和检查，为期3个多月，进一步提高了各单位对统战工作的认识，扭转了对统战人士生活上照顾多、政治上帮助少的倾向。二是通过劳动锻炼进行改造。根据自觉自愿原则，组织党外知识分子和民主党派成员参加劳动锻炼，一方面轮流安排他们到工厂、商店、农村去参观，体验劳动生活，另一方面定期组织劳动锻炼、下车间、站柜台，参加力所能及的劳动。1958年秋，先后组织统战人士3000多人参加“大炼钢铁”活动，自己动手炼钢炼铁。通过劳动锻炼，许多统战人士克服了原来的“四怕”（怕脏、怕累、怕苦、怕丢脸）想法，真切体会到劳动光荣、劳动人民高尚。三是通过工作实践进行改造。各民主党派和工商联成员基本分散在各机关、企事业、学校等单位，他们的自我改造往往通过参加所在单位的工作和学习进行。按照中共合肥市委的统一要求，全市各单位中共党组织积极帮助统战人士制订自我改造规划，坚持以工作岗位为基地，加强正面教育，引导他们政治上积极上进，工作上尽职尽责，努力完成岗位任务。1958 年，市委统战部等相关部门对全市 2300 多名各界人士自我改造规划落实情况，组织了为期 40 天的检查。检查结果表明，统战人士进行自我改造总体情况良好，但也存在“三多一少”现象，一些统战人士与周边群众关系疏远，心存戒备，用多听、多看、多想、少说话的态度来明哲保身。对于发现的问题，中共各级党组织和各民主党派有针对性地开展交心活动和思想教育，帮助他们打开“心结”。

不断加强同党外人士合作共事

中共合肥市委在贯彻党的统战政策过程中，高度重视密切与民主党派和党外人士的合作共事关系。早在合肥解放之初进行新政权建设期间，就对爱国民主人士和民族资产阶级代表人物按其工作能力、代表性和政治态度，在政治上给予了妥善安排。经过选举，很多民主党派成员和无党派民主人士担任了人大、政府、政协的领导职务，如工商联的褚石谷和刘壁城、民建的张东野、民盟的童车五、无党派人士万选初等，先后任合肥市各界人民代表会议协商委员会副主席。进入过渡时期，中共合肥市委通过支持民主党派组织发展、吸收党外人士参政议政等方式，使多党合作、政治协商制度得到不断巩固和发展。在 1954 年 7 月召开合肥市第一届人民代表大会、1955 年 2 月成立合肥市政协第一届委员会期间，都安排了一定比例的民主党派和无党派爱国人士的代表和委员。1956 年社会主义改造基本完成后，中共合肥市委认真贯彻中共八大提出的“长期共存，互相监督”八字方针，再次对党外人士进行了安排。同年 10 月，在市二届人大一次会议上，民盟的张东野当选为市人民委员会副市长，民盟的王铸之和龚兆庆、工商联的褚石谷和刘壁城等当选为市人民委员会委员，另有许多同志担任市政府相关部门和区县政府的领导职务。据 1957 年 6 月的统计，“合肥市安排为省、市人大代表，省、市政协委员，省文史馆馆员，副市长，正副局（科）长等职务的民主人士（不包括交叉兼职）共179人”。另外，还有64人被安排为区级人民代表，200多人被安排担任国有企业的领导职务。

二、整风运动与反右派斗争中的统一战线工作

党外人士帮助中共整风

1957年4月27日，中共中央发出《关于整风运动的指示》，决定在全党进行一次普遍的、深入的反对官僚主义、宗派主义和主观主义的整风运动。同时，欢迎非党员群众自愿参加整风运动。5月4日，中共中央发出《关于继续组织党外人士对党政所犯错误缺点展开批评的指示》。随后从中央到地方，各民主党派、工商联和无党派人士逐步参加到整风运动中。

为落实中共中央指示精神，中共安徽省委决定全省整风运动分两批进行。1957年5月6日，中共安徽省委第一书记曾希圣在全省宣传工作会议上宣布整风运动开始。5月25日至6月7日，省委统战部召开省暨合肥市各民主党派成员、无党派民主人士代表座谈会，征求对中共安徽省委及党的统一战线工作的意见。合肥市民建主委、副市长张东野，安徽第一纺织印染厂副厂长张善瑞在会上发表了意见。

根据中共安徽省委部署，中共合肥市委决定全市整风运动分两批进行。第一批从1957年5月至11月，主要在市委、市人委、区委及市直各部门和工、青、妇等领导单位的党组织中开展。第二批从1957年11月至1958年3月，主要在工矿企业、医院、学校等企事业单位党组织中进行。

1957年5月23日，市政协召开社会各界人士座谈会，贯彻“百花齐放、百家争鸣”的方针，鼓励大家围绕党政工作畅所欲言，建言献策。为充分发动党外人士帮助中共党组织整风，5月24日，中共合肥市委邀请各民主党派和无党派人士64人参加座谈会，倾听党外人士意见，推进整风运动开展；至6月8日，共召开10次类似的座谈会，分别邀请了民主党派和工商界、文教

界、医卫界等方面党外人士进行座谈，开展批评，提出意见。6 月 2 日，《安徽日报》发表《解除顾虑，大胆批评》的社论文章，号召那些还未打消疑虑，保持沉默的党外人士，大胆发表意见，参加争鸣，帮助中共整风。由此，全市教育界、文艺界的党外人士纷纷向所在部门党组织提出批评和建议。在大鸣大放阶段，合肥市工商联和民建合肥市委会先后有 231 人参加了原单位、原企业的整风运动。

全市整风运动之初，工作开展得有声有色。自 1957 年 5 月下旬至 6 月中旬，党内外各阶层人士放下包袱，打消顾虑，就改善党的领导，改进本市、本部门、本单位的工作提出许多有益的批评和建议。《合肥日报》连续发表各界人士的座谈发言摘要。

反右派斗争及其扩大化

在整风运动中，许多党外人士向中共提出了善意的意见和建议。但在全国范围内，却出现了一些不和谐的声音，极少数人乘机向中共和新生的社会主义制度发起进攻。这种情况引起中共中央领导人的高度警觉，将其看作一个危险的政治信号。1957 年 6 月 8 日，中共中央发出组织力量准备反击右派分子进攻的党内指示，同日，《人民日报》发表《这是为什么?》的社论，标志着反右派斗争正式开始。

从 1957 年 6 月中旬起，合肥市整风运动开始转向反右派斗争。7 月，中共合肥市委召开市委扩大会议，部署运用大鸣、大放、大辩论、大字报的方式，在全市范围内开展群众性反右派斗争。随着批判的人数越来越多、范围越来越广、火药味越来越重，中共合肥市委开始采取一些积极、稳妥的办法给予引导，对上级一些扩大化的做法予以抵制。这种做法受到中共安徽省委的批评。9 月 29 日，中共合肥市委紧急召开扩大会议，检查、批判了反右派斗争中出现的右倾思想和温情主义，全市反右派斗争随之升温。11 月 9 日至 20 日，市第二届人大召开第二次会议，参会代表对大鸣大放期间一些党外人士发表的所谓右派言论进行揭发与驳斥，与“右派分子”进行辩论。会议罢免了副市长张东野、市人民委员会委员刘林的职务。随后，全市反右派斗争进一步扩大化，一批中共领导干部因“同情右派”受到错误处理，一批因为帮助中共整风而提了意见的党外人士被定为“右派分子”。

到1958年夏反右派斗争基本结束时，全市共有463人被错划错定为“右派分子”，3056人被定为“四种人”（地主、富农、反革命、坏分子）。这部分人直至1962年甄别平反和1978年以后平反冤假错案时，才分别得以改正。

在整风运动和反右派斗争中，市工商联和民建合肥市委会成为统战系统的重灾区。1957年7月，市工商联和民建合肥市委会召开常委扩大会议，对张东野、刘秉钧、洪左德等人进行揭发批判。8月，中共安徽省委印发划分“右派分子”的八条标准后，民建合肥市委会主委张东野被划为“极右分子”。1957年11月到1958年5月，市工商联和民建合肥市委会先后组织了700多名工商联委员、同业公会委员、民建会员、工商界现任人大代表和政协委员，以及工商行业骨干分子、一般工商业者，分两批举办整风反右“讲习班”，全体学员集中食宿，采取内外结合、上下夹攻的方法开展反右派斗争。市工商联和民建“两会”一大批会员被错划成“右派分子”。据《合肥市志·卷3》记载，民建131名会员中有48人被错戴“右派分子”帽子，并分别受到开除会籍、留会察看、撤销会内职务、降职降薪、劳教劳改等处理；民建合肥市委会15名委员中有8人被划为“右派分子”。据1959年合肥市委统战部《十年来的统战工作总结》记载，市工商联和民建被错划为“右派”66人、坏分子20人；其他民主党派成员被划为“右派分子”的有26人（民革6人、民盟15人、农工党4人、九三学社1人），占民主党派成员9.8%，被定为“坏分子”53人（民革24人、民盟22人、农工7人），占民主党派成员20%；宗教界被划为“右派”的有4人（天主教3人、佛教1人）。

反右派斗争扩大化对统一战线工作造成严重冲击。中国共产党本来想通过邀请党外人士帮助整风，调动知识分子积极性，增强同民主党派团结合作，由于出现反右派斗争扩大化，结果不仅没有实现这个目标，反而影响了和知识分子、民主党派之间的关系，造成党的统战政策难以贯彻落实，统战工作受到严重损失。

三、“大跃进”与“反右倾”斗争中的统一战线工作

“大跃进”运动

1957年底，全国掀起以兴修水利、养猪积肥和改良土壤为中心的农业生产高潮，拉开了“大跃进”的序幕。1958年5月，中共八大二次会议提出“鼓足干劲、力争上游、多快好省地建设社会主义”的总路线，“大跃进”运动在全国范围内从各个方面开展起来。之后，中共合肥市委召开扩大会议，对学习宣传总路线精神进行部署，随后发出《关于大张旗鼓开展社会主义建设总路线学习、宣传的通知》。全市各系统、各单位纷纷制订跃进的计划、规划或目标书，“大跃进”运动在全市展开。

合肥市委统战部早在1957年5月6日，就制定了《中共合肥市委统战部党支部1958年跃进规划》，提出了“六比、三清、六净、五不、六勤”的规划指标。“六比”，是指比党性、比工作、比学习、比干劲、比立场、比掌握党的方针政策的准和稳。除“六比”为工作规划外，“三清”“六净”“五不”“六勤”均属于机关和个人在清洁卫生方面的指标。为保证“跃进规划”的实现，市委统战部要求全体中共党员首先自己要“又红又专”，发挥模范作用；要贯彻执行民主集中制原则，活跃党的民主生活；发挥共青团员的助手作用，活跃机关文化生活。

“反右倾”斗争

在“大跃进”运动中，全国各地不少地方出现了急躁冒进、高指标、浮夸风、瞎指挥等现象。对此，中共中央陆续出台了一系列指示、政策，及时纠正极“左”错误和做法。1959年7月，中共召开八届八中全会（即庐山会议），会议主题是纠正“大跃进”和人民公社化运动中出现的“左”倾错误。但在会议后期主题发生变化，由纠“左”变成“反右倾”。会后，全党开展

大规模的“反右倾”斗争。

1959年8月11日，中共合肥市委召开全市机关、工厂、农业、财贸、文教系统近万名干部大会，对开展“反右倾”、鼓干劲运动进行动员部署，原来为纠“左”而采取的有效措施，又被当作“右倾机会主义”受到批判。到1960年3月“反右倾”运动基本结束时，全市共有1000多名干部、群众被强加犯有“右倾”错误或有抵触言论和情绪，受到批判或处分。全市各民主党派和工商联在“反右倾”运动之初，基本上参与了运动，但很快就改为自行举办的“神仙会”。

民主党派和工商联的“神仙会”

1959年9月15日，中央统战部召开各民主党派、人民团体负责人和无党派民主人士座谈会，毛泽东在会上宣布，在党外人士中现在不搞“反右倾”运动。11月，中共中央批转中央统战部《关于在民主党派、资产阶级分子和资产阶级知识分子中不进行反右倾斗争的整风运动的意见》，明确提出反右整风运动不在民主人士中进行，已经开始进行的单位，应采用适当方式加以结束；在组织党外人士学习中要贯彻自我教育的精神，着重正面教育，有计划地组织报告会和参观，用社会主义建设的具体成就教育他们，使他们进一步辨明是非、提高认识，积极为社会主义建设服务。1959年12月，中国民主建国会和全国工商联召开全国代表大会，会议期间采用“神仙会”方式，多次举行座谈讨论。由于贯彻了“三自”“三不”方针，即自己提出问题、自己分析问题、自己解决问题，不抓辫子、不扣帽子、不打棍子，使与会人员逐步消除了顾虑，达到了自我教育、共同提高的目的。

中共合肥市委认真贯彻中共中央指示精神，在市工商联和民主党派中不再进行“反右倾”运动，改为开展“神仙会”活动。“神仙会”本是江南一带盛行的一种庙会形式。毛泽东将这一名称引入中共党内，赋予其“自我教育”的全新含义，即通过座谈讨论等方式，互相交换意见，开展批评与自我批评，和风细雨地解决矛盾或问题，弄清是非，团结同志。从1960年春开始，合肥市各民主党派和工商联广泛开展了“神仙会”学习活动。活动一般分为形势教育、世界观教育和本党派的方针任务教育三个阶段，逐步打破了全市统战系统自反右派斗争之后的沉闷气氛，大大调动了广大统战人士为社会主义服务的积极性和进行自我改造的积极性。

1960 年 4 月，市工商联和民建合肥市委会召开历时 17 天的两会委员联席会，决定按照“先骨干后一般”原则，有计划地推开“神仙会”活动。同年 7 月至 12 月，两会坚持每周一次，共举办了 20 次“神仙会”。其间，市委统战部部长范为、市政府副市长王国昌等领导同志，先后在学习讨论会上作形势政策报告、解答相关问题，使民主党派成员深受鼓舞。

四、统一战线贯彻服务与改造相结合方针

1958 年 7 月，第十次全国统战工作会议提出，统一战线工作要转移到为社会主义服务的方向上来，团结和推动民主党派、知识分子、工商界投身于为社会主义服务的实践，并在这种实践中继续进行自我改造。服务与改造相结合方针的提出，逐渐缓和了当时统一战线趋于紧张的阶级斗争形势。

1959 年 6 月 14 日，合肥市民革、民盟、农工党等民主党派组织联合举行党员盟员大会。大会的主题为“积极为社会主义建设服务，继续进行自我改造”。中共合肥市委书记处书记杜炳兰、民建安徽省委会和省工商联主委孙友樵出席会议，大会由农工党安徽省委会副主委吴彦求主持，民革安徽省委会主委余亚农代表民革、民盟、农工党安徽省委会向大会致辞。会议提出，民主党派所有成员和所联系的群众要在共产党的领导下，把为社会主义服务和自我改造紧密结合起来，在服务中继续进行自我改造，为社会主义建设做出更大成绩。

这次大会的召开，有力地激发了广大民主党派成员为社会主义服务的积极性和进行自我改造的主动性。民主党派成员一致认为，服务与改造相结合方针的提出，既适应当前情况，也有利于改造，在服务中继续改造，以改造推动服务，是相互促进的；纷纷表示要把个人利益和社会主义事业融合在一

起，把自己当作社会主义大家庭的一员，把自己的知识和才能当作国家和人民的财富，把自己的创造和发明当作向人民献礼、向建国十周年献礼。

为贯彻服务与改造相结合的方针，民革、民盟、农工党合肥市委会还对全体成员和所联系的群众提出了具体要求。第一，在思想上确立服务与改造相结合的全面观点，把服务与改造同时重视起来，两者不可偏废。第二，机关、学校、医院等单位的民主党派成员，要积极做好岗位工作，积极参加技术和文化革命，参加增产节约运动，切切实实贡献所长。第三，经常以政治标准衡量自己，定期进行规划、检查，接受中国共产党的教育和群众的帮助，开展批评和自我批评，达到自我改造的目的。第四，到工农群众中去，向工农群众学习，积极参加劳动改造，在劳动实践中逐步改变轻视体力劳动的思想。第五，学习辩证唯物主义和毛主席著作，切切实实读几本书，以提高政治思想水平，为社会主义建设作出更大贡献。

五、调整统一战线内部关系

为“右派分子”摘帽子与甄别平反工作

1959 年 9 月，中共中央决定分批分期摘掉“右派分子”的帽子。1961 年 9 月，中央统战部、组织部、宣传部联合召开第一次全国改造右派分子工作会议，决定右派分子改造工作由各级党委统战部门主管，成立改造右派分子工作领导小组。到 1963 年，全国范围内数十万人分五批摘掉了“右派分子”的帽子。

合肥市为“右派分子”摘帽工作与甄别平反工作基本同步进行。1960 年春，市监委对 1957 年以来在历次运动中受到错误处理的人员进行摸底排队，初步甄别平反了一批案件。由于当时“左”的思想路线尚未得到根本纠正，甄别平反工作还不彻底。1961 年，中共合肥市委成立改造右派分子工作领导小组，继续推进甄别平反工作，当年共有 202 人被摘掉“右派分子”帽子，占全市“右派分子”总数的 43.62%。其中，民主党派成员 3 人。

1961 年 1 月，中共八届九中全会提出“调整、巩固、充实、提高”八字方针，决定对国民经济和社会政治关系进行全面调整。1962 年 4 月，中共中央发出《关于加速进行党员、干部甄别工作的通知》。合肥市随即成立了甄别工作领导小组和办公室，从全市抽调近千名干部集中办案，加快了甄别平反工作步伐，被平反和摘帽人员的工作、生活，一般都及时得到了适当安排。到 1963 年 11 月，全市共甄别结案 15297 人，占处理总数的 99. 85%。中共合肥市委原第一书记傅大章、市委统战部原部长朱滁华等人得到平反，恢复了名誉。

为知识分子“脱帽加冕”

自 1957 年以后，知识分子大多被扣上资产阶级知识分子的帽子，成为历次政治运动的重点批判对象。1961 年上半年起，中共中央陆续颁布实施了“科学十四条”“高教六十条”“文艺八条”，使党同知识分子的紧张关系逐步得到缓解。1962 年 3 月，在全国科学技术工作会议及全国话剧、歌剧和儿童剧创作座谈会上，周恩来、陈毅先后到会讲话，肯定知识分子中的绝大多数已经是属于劳动人民的知识分子，并给广大知识分子“脱帽加冕”，即脱“资产阶级知识分子”之帽，加“劳动人民知识分子”之冕。

中共合肥市委认真贯彻党对知识分子政治上信任、业务上培养、生活上关心的政策要求，从 1962 年起，对全市自 1957 年以来受到处理的科技、教育、文艺界人士，一方面给予甄别平反，恢复对他们政治上的信任，并发展优秀知识分子加入中国共产党；另一方面创造条件改善知识分子的工作环境和生活待遇，补发他们在受到错误处理期间的工资福利，并对确有经济困难的人给予生活上的照顾，大大调动了全市广大知识分子的工作积极性。仅 1962 年，全市教育系统就完成了对 700 余名中小学教职员和学生的甄别平反，恢复了他们的工作和学习。对被错误撤职、免职的，根据具体情况，或恢复原来职务，或作另行安排；在业务方面，按照省教育厅关于“分类对待、固定时间、有计划有目的进行”的要求，加强培训工作，并宣传、推广合肥八中、十中在业务培训方面的典型经验。在科技界，成立了合肥市科学技术协会，并召开首次会员代表大会，推动了全市各级各类以知识分子为主的群众性组织和学术团体的蓬勃兴起，广大科技工作者在积极开展科普活动的同时，满腔热情地投入科学技术研究活动中去。在文化艺术方面，贯彻落实“双百”方针，鼓励广大文艺工作者深入社会生活，讴歌社会主义建设，推出了一批为人民群众所喜闻乐见的作品。

调整与统战对象的关系

1957 年以来，合肥市统一战线因“左”倾思想影响而遭到干扰和破坏，民主党派和统战人士中的许多人受到错误对待，统战工作一度处于非正常状态。中共合肥市委从 1961 年进行甄别平反时起，陆续采取了一系列措施纠正错误。

1962 年 4 月，第十二次全国统战工作会议后，中共中央在批转中央统战部关于此次会议的情况报告中，严肃批评了统战工作中存在的宁“左”勿右、分散主义等错误，强调必须进一步调整统一战线内部的各种关系。随后，合肥市不断加大调整工作力度，进一步改善同统战对象的关系。一是政治上信任。恢复统战人士的政治待遇，组织各民主党派成员和统战人士参加各类政治学习和政治活动。1961 年 11 月，在工商界政治讲习班基础上创办了合肥市政治学校。民盟盟员中有的被发展为中共党员，有的被评为省、市劳动模范。二是生活上关心。恢复部分统战对象一度中断或减少的经济待遇；作出把公私合营时私人入股资本定息原定 7 年的期限，从 1963 年起延长 3 年、到时再议的决定；贯彻落实国务院《关于在精简工作中妥善安置资产阶级工商业者的若干具体规定》《关于处理资产阶级工商业者退休问题的补充规定》两个文件，保证了统战人士的切身利益。三是改善合作共事关系。鼓励和支持各民主党派和政协委员积极参政议政，定期召开党外人士座谈会，听取他们的意见建议；推选民主党派成员担任各级人大代表、政协委员。其中，民主党派成员被推选为省人大代表、省政协委员的各 1 人，被推选为市人大代表的2人、市政协委员的15人。通过落实党的统战政策，调整统一战线内部关系，全市统一战线工作逐步走上正常轨道。

六、统战系统的社会主义教育运动

经过贯彻“调整、巩固、充实、提高”八字方针，国内形势逐步好转。但党内“左”的思想仍没有根除，加之国际形势日趋紧张、中苏论战日益激烈、国内出现安徽等地搞责任田等新情况，致使良好的态势未能长久持续。1962年9月，中共八届十中全会重提阶级斗争问题，中共中央决定在全国城乡发动一次普遍的社会主义教育运动，同时在思想文化领域开展批判斗争。根据中共中央和安徽省委的部署，从1963年至1966年，合肥市城乡广泛开展了一次社会主义教育运动。其中，农村以“四清”运动为主要内容，城市以“五反”运动为主要内容，统战系统以“三个主义”（即爱国主义、社会主义、国际主义）教育为主要内容。

“三个主义”教育

1963年4月，市委统战部分别召开各民主党派代表大会和工商联会员大会，传达学习中共八届十中全会精神，部署在党外人士中开展“三个主义”教育活动。不久，全市组织了工商界和党外知识分子60多人，参加市政治学校第二期脱产学习。这次统战系统“三个主义”教育坚持先抓好骨干分子、后推向基层和工商界一般私方人员的做法，主要采用“长会短训”“神仙会”等方式，以达到大摆问题、大摆观点、边议边敞、有“账”必认、有错必改的目的。在教育运动中，市工商联以16个基层分会为单位，先后组织了1500多人开展学习讨论。市政协组织各民主党派和工商联、宗教、民族、社会人士等220人，分成3个学习分会、1个中心直属小组，定期学习时事政策，经常组织参观全市工农业建设成就、各类先进典型和基层单位。

1964年，全市工商界“三个主义”教育延伸到各基层单位。一是组织工商界经理、厂长以上的骨干分子开展学习，帮助各厂（店）建立学习小组和学习制度，加强对私方人员的教育。二是举办工商界政治讲习班，同年5月开始，分批对各门市部和车间主任以上的私方人员进行轮训，每期学习2个月。三是组织工商界代表人士参观工农业建设成就，强化教育效果。四是在各厂（店）的中共基层党组织中建立健全统战工作制度，配备统战委员。

统战系统的"五反"运动

1963年5月中旬起，市委统战部结合开展"三个主义"教育，在统战系统开展增产节约和"五反"运动（即反对贪污盗窃、反对投机倒把、反对铺张浪费、反对分散主义、反对官僚主义）。6月10日，市委统战部召开机关干部和政协、民主党派、工商联机关的党团员会议，进行思想动员，组织学习讨论。随后开展对照检查、边查边改、"洗澡下楼"。"洗澡下楼"是当时对个人自我检查、自我整改的形象比喻，一般是领导态度诚恳带头查问题，群众敞开思想大胆提出批评。对运动中检查出来的问题和群众提出的意见，能够当时解决的立即解决，一时不能解决的，在大会上说明情况，提出整改方案，逐步加以解决。10月，合肥市百货系统在私方人员中开展"五反"运动，针对私方人员中有的搞过"紧缺商品开后门"、有的帮助家属搞过"投机倒把"等行为，坚持以正面教育为主，帮助他们认识和改正错误。1966年"文化大革命"开始后，"五反"运动随之结束。

思想文化领域的批判斗争

中共八届十中全会重提阶级斗争问题后，"左"的错误在思想文化领域发展起来。有的文艺作品和学术问题被夸大为阶级斗争在意识形态领域的反映，一些文艺界、学术界的代表人物受到错误批判。斗争风潮最先从文艺界掀起，不久蔓延到学术界。合肥市思想文化领域的批判斗争，从1964年上半年开始，一直延续到"文化大革命"。批判的对象和重点是那些极"左"思想认为的"不健康"或"反动"的电影、戏剧、文学等文艺作品，基本形式除了在报刊上刊登批判性文章，主要是组织干部群众观看"思想内容不健康”的电影作品。1964 年 6 月中旬，全市连续 5 天集中放映《林家铺子》《不夜城》等一批“美化”和“歌颂”资本家的影片。9 月到 10 月，《合肥晚报》转载、发表批斗电影《早春二月》的文章。1966 年 5 月起，又先后放映《兵临城下》《抓壮丁》《舞台姐妹》《逆风千里》《桃花扇》《球迷》《两家人》《阿诗玛》等电影，还组织批判了潘毅、张岳、郭介凡等人的文章和作品。结合批判《海瑞罢官》，安徽省和合肥市史学界开展了对包公戏的批判。在此期间，全市文化思想领域万马齐喑、乏善可陈。

社会主义教育运动的影响

与过去历次政治运动相比，历时 3 年的社会主义教育运动相对温和。由于注意正面教育为主、随时纠正偏差，基本没有出现大规模的批斗和过火行为，对全市统一战线工作造成的干扰相对有限。经过社会主义教育运动，全市统一战线绝大多数人对当时国内外形势逐步认清，自我改造的主动性、自觉性得到提高，为社会主义建设添砖加瓦的信心、决心不断增强。但是，这次运动在指导思想上始终坚持“以阶级斗争为纲”，一定程度上混淆了两类不同性质的矛盾，对后来“左”的错误继续发展产生了较大影响。

第三节 “文化大革命”对统一战线的严重破坏

一、统一战线组织机构受到的冲击

1966 年 5 月，中共中央政治局召开扩大会议通过了《中国共产党中央委员会通知》（简称“五一六通知”）和《中国共产党中央委员会关于无产阶级文化大革命的决定》（简称“十六条”）。以此为标志，“文化大革命”运动正式发动。统一战线首当其冲成为“文化大革命”的重灾区。

市委统战部一度被撤销

在1966年8月召开的中共八届十一中全会上，中央统战部被污蔑为“牛鬼蛇神的庇护所”“资本主义的复辟部”“反革命修正主义司令部”，导致全国统战工作处于停顿状态。1968年4月，合肥市革命委员会成立，中共合肥市委统战部被撤销。1975年12月，中共合肥市委和市革委会机构分设，1976年1月，市委统战部等市委其他工作机构得以恢复。

市政协机关被迫停止办公

“文化大革命”发动后，人民政协机构就被戴上“牛鬼蛇神的黑窝子”的帽子。从1968年8月30日起，政协全国委员会机关被迫停止办公。合肥市政协与全国各地政协组织一样受到冲击，事实上停止了活动。1975年初邓小平主持国务院日常工作后，着手进行全面整顿，合肥市逐步展开机构整顿。同年4月，中共合肥市委决定恢复市政协办事机构，筹备工作由市委统战小组负责。9月3日，合肥市政协正式恢复活动。

民主党派、工商联被迫停止活动

1966年9月4日，合肥市工商联、民建合肥市委会机关的牌子被造反派摘下。民革、民盟、农工党等民主党派组织被迫停止办公。民主党派基层组织也被迫停止活动，直到“文化大革命”结束后才得以恢复。

二、合肥宗教界遭到劫难

“文化大革命”初期，红卫兵“破四旧”运动率先兴起。“四旧”，即“十六条”中所说的“剥削阶级”的旧思想、旧文化、旧风俗、旧习惯。在“破四旧”运动中，红卫兵对那些被污蔑为“四旧”和“封、资、修”的行为、人士、文物进行大肆“扫荡”。宗教界的庙宇、教堂被认为是“四旧”集中之地，劫难在所难免。合肥市宗教组织遭到破坏，信教群众的正常宗教生活被禁止，宗教教职人员被当成“牛鬼蛇神”遭到批斗和迫害。1966 年 8 月，合肥轻工业学校红卫兵闯进一位道士家中搜查，抄走大量现金和财物，砸毁神像等物，造成老道士自杀身亡。明教寺等主要寺庙的僧尼，天主教、基督教的教职人员，全部被撵出庙宇或教堂。时任中庙住持的妙安法师被遣送回乡管制劳动。寺庙、教堂或被捣毁或被侵占，大量的宗教经籍（主要是明教寺两部珍贵藏经）、塑像及宗教设施被焚毁。在“破四旧”运动中，合肥市佛教寺庙 17 所，道教教观 1 所，天主教、基督教、伊斯兰教教堂各 1 所，全部遭破坏，内部设施被毁，寺庙、教堂和附属房屋均被其他单位强行占用。天主教圣堂和修女楼被拆除翻盖成商店。其他寺庙被捣毁后，大部分房屋也被一些单位或居民占用。

三、一大批统战对象遭受批斗和迫害

在“文化大革命”中，各民主党派被说成是资产阶级政党，民族资产阶级被看成与地主、富农、反革命、坏分子一样，知识分子被称为“臭老九”、高级技术人员被称为“反动学术权威”，都应受到审查批判、予以打倒。合肥地区著名中医杨新吾被列为“资产阶级反动学术权威”遭到游街，备受折磨。著名黄梅戏表演艺术家严凤英受到迫害。许多知识分子、爱国民主人士、民主党派负责人受到压制与冲击，有时还被拉到批斗会上陪斗。1968 年 10 月，市革委会决定分批组织机关干部、知识分子下放劳动，全市各民主党派机关工作人员被下放到长丰县杜集公社“五七”干校，一方面进行劳动改造，一方面开展“斗、批、改”运动。据 1981 年对合肥市 345 名民主党派成员的调查统计，其中有 96 人在“文化大革命”中受到错处、错判，约占 28%。在“清理阶级队伍”运动中，一大批知识分子和无辜群众被当作阶级敌人受到关押、审查、批斗。

教育界知识分子遭受严重冲击。在“极左”思想指导下，“教育革命”和城市学校下迁被纳入到“斗、批、改”运动中。根据中共中央“实现无产阶级的教育革命，必须有工人阶级领导，必须有工人群众参加”的指示精神，合肥市革委会从1968年8月到1971年9月，先后派出2000多名由工人和解放军组成的毛泽东思想宣传队，进驻到全市100多所中小学，领导“教育革命”。改造教师队伍是当时的一项重要任务，市革委会一方面从全市工厂、社队选送工人和贫下中农到学校任教，另一方面组织现任教师分批下厂、下乡，参加劳动改造。1968年下半年，安徽省革委会把“广大师生接受贫下中农再教育”的口号以行政命令形式加以推行，组织城市中学下迁到农村。合肥市学校下迁工作的动作在全省最大，全市30所中学只保留4所，其余26所全部下迁。其中，12所中学“连锅端”下迁到长丰县和阜阳地区。1969年1月18日，合肥市举行盛大下迁仪式，10万群众欢送12所中学的6000多名学生、近1000名教职工下迁到农村。学校下迁使原本就受到冲击的教师队伍再遭重创，广大教师承受着物质和精神上的双重打击，许多教师因为对学校下迁有不同看法而受到批判、处理，有的甚至被调离或开除公职。

第四节 伟大历史转折中统战工作的恢复发展

1976年10月，“四人帮”反革命集团被粉碎，标志着长达十年的“文化大革命”结束。统一战线工作经过拨乱反正逐步恢复起来。1978年12月，党的十一届三中全会作出把党和国家工作中心转移到经济建设上来、实行改革开放的历史性决策，实现了伟大的历史转折，统一战线进入了新的发展阶段。

一、合肥统一战线组织机构的恢复和发展

政协组织

“文化大革命”后期，党的统战政策部分得到落实，统战工作开始出现转机。1975年9月，合肥市政协恢复活动。1978年11月，市政协成立中共

党组，随之开展多项活动。中共十一届三中全会后，政协工作有了很大发展。1979 年 5 月，恢复和建立了科技、教育、文化艺术、医药卫生、工商、妇女、民族宗教、对台宣传、文史资料 9 个工作组。1980 年 1 月 24 日至 2 月 1 日，市政协六届一次会议召开。此后，市政协内部工作机构虽时有调整和增设，但全市政协工作已进入健康发展的轨道。1980 年 5 月，中共合肥市委恢复了中断 14 年的党外人士座谈会制度，邀请各民主党派、工商联负责人和无党派人士座谈，听取他们对统战工作的意见和建议。1980 年至 1981 年，肥东县、肥西县、长丰县分别建立了县政协组织，1984 年，东市区、西市区、中市区和郊区相继成立区政协组织。

统战部门

1976 年 1 月，中共合肥市委和市革委会机构分设，恢复了市委统战部和市委办公室、市委组织部、市委宣传部等工作机构。1978 年，中共长丰县委统战部成立。1982 年，中共合肥市委第 25 次常委会议研究决定，在 3 个城区和郊区区委中设立区委统战部，并确定了行政编制。

民主党派和工商联

粉碎“四人帮”后，民主党派和工商联喜迎新生。1977 年 9 月，中共中央召开全国各省、自治区、直辖市党委组织部部长、统战部部长会议，集中讨论帮助各民主党派恢复活动问题。市委统战部在贯彻落实会议精神过程中，制订了各民主党派、工商联组织恢复活动和领导班子组建前期准备的工作方案，经中共合肥市委批准后正式实施。1977 年到 1978 年，全市各民主党派和工商联的市级组织相继恢复活动。1978 年 3 月 11 日，市革委会下发通知，恢复各民主党派和工商联组织机构，确定了各家的行政编制。随后，民革、民盟、民建、农工党和工商联分别成立了临时领导小组，着手恢复发展基层组织，筹划各自的换届工作。到 1979 年初，各民主党派共恢复、建立了 21 个基层支部。1980 年上半年，合肥市民革、民盟、民建、农工党陆续召开了换届大会，选举产生了新一届领导机构。

工青妇组织

1978 年 9 月至 12 月，合肥市共青团和妇联相继召开新一届代表大会，确定了新时期的任务。1979 年，市总工会在清查、整顿基础上，普遍调整了基层工会干部，恢复和建立了会员档案，并成立财贸、文教、建筑 3 个产业工会。

对台工作和侨务工作机构

粉碎“四人帮”后，歧视“海外关系”现象得到纠正，侨务工作和对台工作逐步提上日程。1980 年，中共合肥市委对台湾工作领导小组办公室成立。1982 年 1 月 9 日，合肥市侨务办公室成立；9 月，召开合肥市第一次归侨侨眷代表大会，成立了合肥市归国华侨联合会。

二、平反冤假错案与落实统战政策

复查、平反冤假错案

从 1976 年底开始，合肥市结合开展揭批“四人帮”群众运动，开始了初步的平反工作。1978 年 4 月起，根据中共中央和安徽省委部署，中共合肥市委成立了复查工作领导小组、落实政策领导小组，以及审干、党纪、公安、法院、工商、右派摘帽、起义投诚、工人案件 8 个复查办公室，各县区局也相应成立了复查办事机构，在全市展开了大规模的复查和平反工作。复查平反工作坚持实事求是、有错必纠，首先复查平反“文化大革命”中的冤假错案，接着对“文化大革命”之前历次政治运动中错误处理的案件进行复查纠正。在这一过程中，认真落实对归侨侨眷、台胞台属、宗教人士、知识分子、工商业者及起义投诚人员的统战政策。到 1982 年底，全市共复查各类案件 2.3 万多件，对受到错误处理的人员均给予妥善安排。1983 年至 1985 年，又对一些遗漏案件陆续进行复查、平反。

妥善解决统战人士中的历史遗留问题

经过复查平反，落实统战政策工作取得了积极进展，但在各级政协委员和其他统战对象中需要落实政策的遗留问题仍然较多。1983 年 10 月，中共合肥市委成立了落实统战政策领导小组，下设办公室，实行“四定一包”的办法（即定任务、定时间、定质量、定人员、包解决问题），集中解决遗留问题。1984 年 3 月 9 日，市委召开第一次落实统战政策座谈会，随后落实政策工作步伐加快。到 1984 年 6 月底，全市 694 名党外各级政协委员中，需要落实政策的 138 人、226 件问题，全部落实到位。其中，清理了 465 人的档案资料，处理了政治结论中“留尾巴”的案件 100 件，解决了被查抄财物案件 48 件、私房被占案件 36 件、其他问题案件 42 件，并退还被查抄的财物、房产和部分折价补偿金。截至 1986 年底，全市统战系统（含肥东、肥西、长丰三县）需要落实政策的 3607 人中，已落实 3570 人，占 99%；需要落实政策的问题 6028 件，已落实 5986 件，占 99. 3%。1987 年后又对新受理的 691 个问题全部落实了政策。1990 年 7 月，市委落实统战政策办公室撤销。此后，有关落实统战政策事宜包括少量遗留问题，由合肥市委统战部直接受理解决。

教育、科技领域拨乱反正与落实知识分子政策

1977 年 7 月邓小平复出后，首先在科学教育领域进行拨乱反正，着手落实知识分子政策。同年 9 月，安徽省和合肥市联合召开省暨市部分科技教育工作者、劳动模范、中学生科技爱好者大型座谈会，4000 多人参加会议，社会反响强烈。10 月，开始整顿全市中小学教学秩序，建设教师队伍。11 月，成立合肥市高等学校招生委员会，12 月，分别组织了 9459 名考生参加高考、9596 名考生参加中专招生考试。1977 年 12 月 30 日至 1978 年 1 月 3 日，召开了合肥市科学技术大会。

1978 年，中共合肥市委认真贯彻全国科学大会、全国教育工作会议和全国落实知识分子政策座谈会精神，对知识分子政治上充分信任、业务上放手使用、生活上关心照顾。到 1978 年 11 月，教育系统 357 件冤假错案得到平反，1522 人摘掉右派帽子后重返工作岗位，近 200 人恢复工作职务或技术职称。到 1979 年，全市科技人员中有 559 名用非所学的被调整工作岗位，占应调整数的 93%；334 件冤假错案和其他历史遗留案件得到复查处理；120 名科技人员担任了各级领导职务，26 人加入了中国共产党。

区别原工商业者中的劳动者

1979 年 11 月 12 日，中共中央批转中央统战部、国家计委党组、国家经委党组、商业部党组、轻工业部党组、全国总工会党组 6 个部门《关于把原工商业者中的劳动者区别出来问题的请示报告》，提出把小商、小贩、小手工业者、小业主及其他劳动者与“资本家”区别开来，确认和恢复他们的劳动者身份。中共合肥市委随即成立了合肥市区别工作领导小组，抽调人员、集中时间开展区别工作落实。全市各有关局（社）和纺织、饮食、烟酒、蔬菜、食品等行业，也相应成立了工作机构。1980 年 2 月，召开了全市区别工作动员部署会，逐步推开区别工作。本着实事求是的原则，区别工作坚持从宽了结，不搞比例限制，不搞逐个提交群众评议，有多少确认多少，对可区别可不区别的，一律作为劳动者区别出来。经过 4 个月的紧张细致工作，到 6 月底，全市从 1601 名原工商业者中，区别出属于劳动者的小商、小贩、小手工业者、小业主和其他劳动者共 1290 人，占原工商业者人数 80.57%。在随后的检查验收阶段，又对未区别出来的 311 人重新核查，对过去被错划为资本家或资产阶级分子的原工商业者给予改正。这些区别出来的劳动者在落实政策后，不再为阶级成分而苦闷，普遍欢欣鼓舞，精神振奋，表示要以主人翁态度为“四化”多作贡献。

恢复开放宗教场所

1978 年 10 月，中共中央转发中央统战部《关于当前宗教工作急需解决的两个政策性问题的请示报告》，打破了宗教工作中“左”的思想禁锢，宗教活动场所逐步恢复开放。到 1980 年，合肥市有 9 所寺、观、教堂恢复了正常活动；妙安受邀出任明教寺方丈，后于 1982 年被推选为安徽省政协委员、合肥市政协委员。

三、统一战线破除“左”的思想障碍

开展真理标准大讨论

1978 年 5 月 11 日，《光明日报》发表特约评论员文章《实践是检验真理的唯一标准》，很快在全国范围掀起了一场真理标准问题大讨论。合肥市统战系统真理标准大讨论从 1978 年下半年开始。市委统战部和各民主党派、市工商联主要采取平时以自学为主、每周集中一次讨论的方式进行，针对思想问题，组织座谈，展开讨论，明辨是非，统一认识。

当时，由于“极左”思想还未肃清，在中共党内和社会上，对平反工作和落实政策还要不要继续推进等问题，极为关注，有些人思想僵化，采取拖拉的态度；有些人顾虑重重，考虑个人得失，致使一些地方和单位在落实政策工作中时时遇到阻力、困难。在合肥市统一战线内部，有些人心有余悸，不敢大胆参政议政；有些人存在“统战工作是中央重要，省里必要，地方上可要可不要”“统战部既不管钱又不管人，是三等部”等想法。这些思想认识上的问题，直接影响统一战线各项政策的落实和工作的开展。

通过开展真理标准大讨论，有力地促进了统一战线的思想解放。全市广大统战干部和统战人士深刻认识到，统战工作中存在的阻力和困难，从根本上说是一个思想路线问题；认为统战部是“三等部”等认识，实际上是党内外存在的所谓统一战线的“取消论”“收缩论”等思想的反映，都是完全错误的；统一战线历来是党的总路线、总政策的重要组成部分，是中国革命的三大法宝之一，统战工作只会加强、不会削弱，不是无所作为、而是大有可为。

开展统战政策再教育

1978年12月召开的中共十一届三中全会，恢复和重新确立了解放思想、实事求是的思想路线，将工作中心转移到经济建设上来，实行改革开放。对于十一届三中全会确定的路线方针政策，合肥市广大统战干部和统战人士热烈拥护、一致赞同。为进一步肃清“极左路线”的流毒和影响，全市统战系统在学习贯彻十一届三中全会精神过程中，以端正思想路线、加强政策宣传为重点，广泛开展了一次统战政策再教育活动。民主党派成员和党外人士通过参加统战政策再教育活动，普遍感到精神振奋，过去曾一度被压抑、挫伤的积极性得到充分发挥，自觉克服“得过且过”“多一事不如少一事”等消极思想，立足本职岗位，发挥各自特长，尽职尽责地为建设社会主义物质文明和精神文明努力服务。

第三章

改革开放和社会主义现代化建设新时期的爱国统一战线

1978 年 12 月，中共十一届三中全会的召开，开启了改革开放和社会主义现代化建设的新时期。在新的历史时期，中共合肥市委全面贯彻落实党的统战政策和党中央重大决策部署，高度重视、系统谋划、整体推进统一战线工作。全市统一战线经过拨乱反正全面走上正轨，围绕服务于改革开放和社会主义现代化建设，实现了工作重点的转移，统战系统各部门内外密切协作，上下共同努力，抓住机遇，开拓创新，推动各领域、各方面工作取得了突破性进展。全市统战工作体制机制逐步健全完善，多党合作和政治协商制度不断巩固发展，党外知识分子和民族、宗教、港澳台统战工作健康发展，非公有制经济领域和海外统战工作快速推进，全市统一战线事业进入全面提升的新阶段。

第一节　统一战线进入新的历史发展时期

一、新时期统一战线工作的重点转移

1979 年 6 月，邓小平在全国政协五届二次会议开幕式上作了《新时期的统一战线和人民政协的任务》重要讲话，明确提出我国的统一战线已经成为工人阶级领导的、工农联盟为基础的社会主义劳动者和拥护社会主义的爱国者的广泛联盟。8 月，中央统战部召开了第十四次全国统战工作会议，会后，中共中央批准下发了《新的历史时期统一战线的方针任务》，明确了新时期统一战线的性质、范围，提出了统一战线担负着为四个现代化服务、为祖国统一服务的双重任务。中共合肥市委立即组织学习贯彻，推动全市统战工作重点的转移。市委统战部通过开展学习讨论和召开务虚会、座谈会、汇报会等形式，深入分析全市统战工作的现状，明确提出围绕中心、服务大局的总体思路，把全市统战工作重点转移到为社会主义现代化建设服务上来。

二、统战工作的组织建设与机制建设

中共十一届三中全会后，随着市委统战部机构的恢复和工作的开展，有力推动了全市统战工作的组织建设，各县、区委统战部相继成立，合肥教育学院也于1990年11月成立了党委统战部。为进一步理顺全市统战系统的工作关系，1994年，市委组织部、市委统战部联合下发《关于统战系统干部管理若干意见》，对全市干部管理、考察、任免、调配等相关事项实行归口管理。随后，市委统战部在一些统战工作任务较重的市属企事业单位及农村乡镇，设立了统战工作机构，配备专兼职统战干部，并建立统战系统2个月一次的办公例会制度，形成了“勤通气、多联系、常协调，讲实效，求发展”的工作机制。

为进一步加强对全市统一战线工作的领导，1995年12月30日，中共合肥市委成立了统战工作领导小组，组长由市委副书记、市人大常委会主任担任，市政府常务副市长和政协副主席、市委统战部部长任副组长。成员单位有市委办公厅、市政府办公厅、市委宣传部、组织部、统战部、政法委、党校、市财政局、民族宗教、侨联等。

三、合肥统战系统的整党工作与思想政治建设

1982年9月，中共十二大提出5年内要实现党风根本好转。1983年10月，中共十二届二中全会通过了《中共中央关于整党的决定》，提出用3年时间分期分批进行一次全面整党。根据中共中央和安徽省委的部署，1984年12月4日，中共合肥市委召开了全市整党动员大会。

合肥市统战系统整党工作从1984年12月10日开始，历时7个月时间。市委统战部和市工商联2个中共支部、33名中共党员全部参加了整党，办理了党员登记手续。

这次统战系统整党的主要特点是：意义明确抓得紧，态度端正学得深，互相帮助方法妥，边整边改见成效。主要收获体现在以下三个方面。

一是深入系统学习，提高了觉悟。整党刚开始时，不少同志对整党的重要意义认识不足，有的认为统战部门是清水衙门机关，没什么好整；有的认为社会上的不正之风普遍存在，就是整党也解决不了；也有的认为不处分几个人解决不了问题。经过整党学习、座谈讨论和党课教育，统战系统的广大党员思想认识得到普遍提高，深刻认识到党风问题关系到执政党的生死存亡，整党就是为了把党建设成为社会主义现代化事业的坚强核心，为实现党的十二大提出的宏伟目标，把我国建设成为现代化、高度文明、高度民主的社会主义国家，提供根本保证。

二是认真对照检查，端正了党风。在整党过程中坚持联系实际、对照检查、相互帮助，每名党员都结合思想和工作实际，写出了自我对照检查报告。党员领导干部分别在全体党员大会上和党外人士座谈会上作自我检查，并就统战工作指导思想问题、关于“长期共存、互相监督、肝胆相照、荣辱与共”方针贯彻执行问题、思想作风和工作作风问题，广泛听取党内外的意见。其他党员分别在党小组会上作深刻检查，听取意见建议，开展批评和自我批评。统战系统广大党员普遍感到在这次整党过程中接受了一次深刻的党性教育，加强了纪律，端正了党风。

三是坚持边整边改，推动了工作。市委统战部针对整党过程中检查出的问题，认真进行梳理，制订整改方案。为不断提高统战工作理论政策水平，成立了合肥市统战理论研究会，加强新时期统战理论和统战政策研究；为适应新形势下统战工作的需要，市委统战部调整内部机构设置，筹备成立负责联络工作的科室，积极为企业和有关单位发展经济牵线搭桥，帮助引进外资、先进技术和先进设备服务；为使统战工作真正做到助力改革开放，切实改进工作作风，加强对基层工作调研，重点帮助乡镇发展企业，不断发现新问题，总结新经验，开创新路子；为发挥统战系统党员干部的模范带头作用，在市委统战部机关严格执行“三会一课”制度，加强思想政治工作，带动市工商联和各民主党派机关营造积极进取、奋发向上氛围，努力开创新时期统一战线工作的新局面。

四、合肥统一战线工作荣获全国先进

党的十一届三中全会以后，合肥市统战系统认真贯彻落实中共中央和省委、市委关于统战工作的各项方针政策、部署要求，充分发挥统一战线优势，在积极服务全市经济社会发展的同时，自身建设和各方面工作都取得了新的进展。2007 年 1 月，中央统战部首次召开全国统战系统先进集体和先进工作者表彰大会，合肥市委统战部荣获“全国统战系统先进集体”称号，是安徽省唯一受到表彰的地市级党委统战部。

健全工作机制

坚持和完善中国共产党领导的多党合作和政治协商制度，建立了同民主党派和工商联对口联系制度、党外人士特约聘任制度，以及民主协商会、座谈会、通报会等制度，对民主党派成员和党外人士的培养、选拔和安排使用，形成了有效的工作机制。中共合肥市委先后召开高规格工作会议，成立统战工作领导小组、宗教工作领导小组，建立由市委统战部牵头的统战工作协调机制和考核奖惩机制，在市直 14 个部门设立统战工作处，在各乡（镇、街道）党委均配备了专、兼职统战委员（兼民族宗教助理员）。充分发挥工商联职能，在全市各区县和多数乡（镇、街道）设置了工商联组织，加强对非公有制经济人士的团结和引导。贯彻落实党的民族宗教政策，积极选拔任用少数民族干部。

强化保障措施

为积极创造、改善工作条件，全市统战系统各单位均添置或更新了工作用车，工作经费均得到较大幅度的增加，另由市财政全额拨款新建了一座民主党派大楼。

加强作风建设

全市统战系统认真学习马克思列宁主义、毛泽东思想、邓小平理论、

“三个代表”重要思想、科学发展观和新时期统战理论，以效能建设为抓手，健全各项规章制度，改进工作作风，不断提升凝聚力和战斗力。市委统战部率先垂范，坚持团结民主、积极进取、求真务实、廉洁自律，制定了效能建设八项制度和机关文明八项守则，并向社会公开了效能建设的五项承诺。2006 年 5 月，经有关方面综合评价和反馈意见，合肥市委统战部效能建设总体满意度达 99.7%。统战系统各单位积极营造讲团结、顾大局、比实干、比奉献的良好风气，涌现出一批先进模范人物。

第二节 统一战线积极投身社会主义现代化建设

一、履职尽责服务中心大局

中共十一届三中全会召开后，合肥市统一战线积极深入学习贯彻全会精神，适应工作重点的转移，充分发挥自身优势，多方面探索新路子、开辟新领域，积极为合肥改革开放和社会主义现代化建设服务。1978 年到 1991 年，全市各民主党派和工商联在兴教办学、咨询服务、社会公益等方面各展所长、献策出力，作出了显著成绩，赢得了中共各级党委和政府的赞誉。1985 年，全国、全省民主党派和工商联首次召开的为四化建设服务表彰大会，合肥市统战系统一大批先进集体、先进个人受到表彰。

1992 年邓小平南方谈话的发表和中共十四大的召开，标志着改革开放和社会主义现代化建设进入了新的发展阶段。全市统战系统深入学习马克思列宁主义、毛泽东思想、邓小平理论和“三个代表”重要思想，围绕建立社会主义市场经济体制目标，不断研究新情况新问题，紧密结合合肥实际搞调研、献良策、办实事。在每年全市人大、政协会议期间，各民主党派和工商联提交的一大批议案、提案和调研成果，多数都被转化为合肥改革开放和建设发展的政策举措。

进入 21 世纪以后，构建社会主义和谐社会、全面建设小康社会，对统一战线提出了新任务新要求。全市统一战线认真贯彻落实科学发展观，坚持以人为本，服务科学发展。各民主党派、工商联围绕“思想上同心同德、目标上同心同向、行动上同心同行”，积极履行职能，踊跃参政议政，反映社情民意，发挥自身作用。2005 年，中共安徽省委开展“党委出题、党派调研”活动后，全市统战系统各单位积极响应，加强专题调研，形成了一批高质量的调研成果，在服务全面建设小康社会实践进程中，谱写出新的篇章。

二、聚焦改革发展献智献策

调查研究，献智献策，是统一战线参政议政、履职尽责的重要途径和载体。党的十一届三中全会以后，合肥市各民主党派和工商联逐步建立起专题调研制度，聚焦全市经济社会发展大局和人民群众关心关注的难点热点，每年确立重点课题，组织深入调研，提出对策建议。在每年人大、政协会议期间，各民主党派和工商联都提交一大批质量较高、可行性较强的议案、提案，为中共合肥市委、市政府及有关部门提供重要的决策依据。

为“包产到户”赴京上书

1978 年，肥西县山南区率先实行包产到户，引发了各种议论。1979 年 5 月，民盟盟员、安徽省参事室参事郭崇毅得知山南区午季获得丰收的消息后，亲自到山南区走村串户“私访”，撰写了《关于参观肥西县午季大丰收情况的报告》（以下简称《调查报告》）。尽管包产到户在当时被人们认为政策上有问题，但郭崇毅仍然坚持向中共中央反映实情，恳请中央对农业经济、农村体制进行彻底改革。7 月 1 日，郭崇毅孤身赴京，通过中国社会科学院农业经济研究所将《调查报告》递送中共中央办公厅。返回合肥后，又将《调查报告》呈送给当时中共安徽省委第一书记万里。8 月，郭崇毅又根据中国社会科学院农业经济研究所的要求，结合肥西县山南地区实际，撰写了《责任到户的性质及其有关问题》的报告，对包产到户进行系统性理论阐述，从理论上论证农村改革的必要性和可行性，为中共高层决策提供参考。之后，他又撰写了《关于六安地区七县农业生产责任制情况的报告》，被中国社会科学院农业经济研究所编入“农村改革专辑”，并特加按语，影响甚广。可以说，民盟盟员郭崇毅的上书，对早期农村改革的推进发挥了一定的助力作用。

为建设园林城市谋划献策

九三学社社员、合肥市园林局总工程师吴翼，从1955年起就投身全市园林规划和设计。1980年2月他当选为副市长后，分管城市建设，重点抓园林绿化，他提出的“以面为主、点面穿插”绿化方案，使合肥城市绿化工作一直走在全国前列。他长期思谋的园林城市建设理念，得到当时中共合肥市委书记郑锐、市长魏安民的重视和鼓励。在他的建议下，1984年，合肥市开始全面兴建开敞化的环城公园。至1986年，环城公园已具规模，似一串“翡翠项链”把合肥装点得更加靓丽。1992年，合肥荣膺全国首批园林城市第二名的殊荣。

为文教医卫事业改革发展献策出力

合肥是全国重要的科教基地。各民主党派和工商联始终对全市教育、文化、医卫领域带有全局性、前瞻性的问题，予以高度关注，并将其作为参政议政重点。通过开展调查研究，提出具体对策和建设性建议，有力地促进了全市文教医卫事业的改革和发展。

在教育方面，据不完全统计，1986年至2005年，各民主党派先后围绕义务教育、社会办学、农村基础教育、中等职业教育、中小学生思想道德教育、教师队伍建设及青少年成长环境、母亲的教育等课题，形成专题调研报告50多篇，其中，向市政府提交的书面建议、在省市“两会”上作大会发言和提交议案提案的就有30余篇。民盟合肥市委会1986年《关于肥西县贯彻〈义务教育法〉情况的调查报告》，民进合肥市委会2002年关于税费改革后农村基础教育发展问题的建议，民盟合肥市委会2003年主办的“民盟安徽省基础教育研讨会”，民进合肥市委会2004年关于《对母亲教育的若干思考》的调研，民革合肥市委会2006年关于《加强青少年诚信教育，培养青少年诚信人格》的集体提案等，均引起广泛的社会关注，受到省市领导高度重视。有的调研成果和提案议案被中央媒体报道和转载，有的被批转为全国政协大会发言，有的被列为合肥市政协主席重点督办的提案。

在文化方面，由农工党员侯露导演的戏曲《风驰瑶岗》《何家庆》2001年相继进京演出。民盟合肥市委会从2004年起把“文化建设”作为每年重点调研课题，先后提交了《文化——城市腾飞的金色翅膀》《发掘历史文化资源，彰显城市特色魅力》等一批调研成果，2005年起聚焦“工业立市的文化支撑”，呼吁合肥市应大力打造新型工业文化，并结合培育工业文化，提出了“东向发展”的建设性意见，得到市政府领导的肯定。围绕打造地域文化品牌，民革合肥市委会和农工党合肥市委会先后提出建立黄梅戏文化园、发展旅游产业、依法保护李鸿章故居、重视文艺创作队伍青黄不接状况、支持庐剧赴香港演出等一批建议和提案，相继被市政府采纳、得到落实。

在医卫方面，农工党省、市组织充分发挥界别优势，1989年4月发起合肥地区“院长沙龙”，研讨交流医院改革发展问题，受到广泛好评。1999年以来，农工党合肥市委会先后围绕改善第八医院医疗条件、重视老年人医疗保健、完善基本医疗保险政策、成立职业病防治医院等问题，深入开展专题调研，所形成的调研成果有的在市政协会上交流发言，有的被评为优秀提案。民建合肥市委会关于《强化医疗废物处理与处置》《建议制定〈合肥市个体行医管理暂行规定〉》等提案，得到市有关部门的高度重视。合肥市致公党、九三学社等民主党派组织围绕医疗卫生事业改革发展问题，提出了许多有益的建议。

三、灵活多样兴教办学

改革开放之初，国家鼓励社会力量办学，为“四化”建设培养人才。合肥市各民主党派、工商联充分发挥各自优势，积极举办各类业余补习学校和专业培训学校，开辟了统一战线在新的历史条件下为社会主义现代化建设服务的新途径。

党外知识分子助力创办合肥联合大学

1977年高考制度恢复后，大批青年学子通过高考走进大学殿堂，但也有一部分品学兼优的学子遗憾落榜。为给接近高考录取分数线的考生创造一个学习深造的机会，中国科技大学原副校长杨承宗教授萌发出一个设想：通过改革的办法，创办自费走读大学。他的想法立即得到省、市领导的鼓励和支持，在中共合肥市委直接领导和一大批党外知识分子共同助力下，1980年8月，合肥联合大学正式成立。这是新中国成立后第一所新型模式的自费走读大学，也是中国高等教育改革的产物。合肥联合大学实行董事会领导下的校长负责制。董事长由中共合肥市委书记郑锐兼任，首任校长为中国科技大学副校长杨承宗教授。学校刚开办时，全部家当就是从科大借来的一间房子、几张办公桌椅和6名兼职人员，教师除了从合肥地区12所高校中择优聘用，还邀请了一批国内外著名科学家前来帮助教学。学生适当交费、全部走读、自主择业，改变了当时普通大学包吃、包住、包分配的做法，甩掉了沉重的后勤包袱，改变了新中国成立以来中国高等教育由国家单一投资的体制。这种"适当收费、不包分配、按社会需求设置专业、后勤社会化"的办学模式，当时被《人民日报》《光明日报》等主流媒体广泛宣传。2002年3月，合肥联合大学改建为合肥学院。

民主党派和工商联广泛兴办各类学校

1981年3月，中共中央、国务院下发《关于加强职工教育工作的决定》后，合肥地区各民主党派和工商联积极响应，从举办文化补习班、业余培训班开始，逐步兴起办学热潮。在20世纪80年代至90年代，全市涌现出许多规模不等、专业多样、学制不一的各类学校，既有学历教育也有成人教育，既有专业培训也有职业教育，既有初高中学校也有大中专院校，为社会培养了一大批各类人才，取得显著的社会效益。民革合肥市委会1983年创办的合肥市中山业余学校，1985年就荣获了全国为“四化”建设服务先进集体称号。民盟合肥市委会创办的合肥市育才业余学校，被省高等教育自学考试委员会授予先进单位称号；20世纪90年代初“大志学社”补习学校逐步发展成著名的民办高中。民建合肥市委会和市工商联1984年与省财政厅、省会计学会联合，相继创办了安徽财会职工大学、合肥中华工商培训学校（后改为中华工商职业学校）；20世纪80年代后期又创办了合肥庐阳中华职业学校、合肥中华旅游中等职业学院。民建合肥市委会积极与民建安徽省委会联合创办涉外学校，其中合肥音乐学校在促进中韩文化交流中发挥了桥梁纽带作用，安徽涉外经济职业学院经省政府批准，成为具有涉外特色的民办高等学院。民进合肥市委会创办的合肥民进建人学校，1985年7月成立时，民进中央为此特发贺电；由民进会员创办的新华职业学院、文达职业学院、安徽外国语学院、明星职业学院等，均被省政府批准为民办高校；2005年，新华职业学院升格为民办本科高校，合肥求实学校升格为普通中专。农工党省、市组织和个人在合肥地区的办学，最早从1983年举办的中药人员培训班、业余日语培训班开始，后来创办的合肥亚太旅游学校，以培养旅游专业人才为主，影响较大。致公党省、市组织注重发挥“海”“侨”优势，1992年创办的合肥神行太保文武学校，成为对外交流的窗口和海外联谊的载体，至2000年先后接待30多个国家和地区的外宾。九三学社合肥分社1983年创办的合肥外语专科学校，被纳入国家统一招生计划，是当时全国1050所普通高校中唯一由民主党派主办的大专院校；1984年和1986年，又相继开办了安徽省内第一个三年制“日语翻译与导游”大专班、两年制“旅游管理”大专班，填补了安徽高校旅游专业设置的空白。

四、广泛开展社会服务

党的十一届三中全会后，合肥市各民主党派、工商联在不断加强自身建设的同时，广泛组织和发动各自成员以饱满的政治热情投身于社会主义现代化建设，立足本职建功立业，发挥优势服务社会。

咨询服务

从20世纪80年代初开始，合肥地区各民主党派和工商联纷纷成立科技、经济等方面的咨询服务组织，助推合肥经济社会发展。1983年，农工党合肥市委会、九三学社合肥分社相继成立科技咨询机构，广泛开展科技咨询服务活动。1984年至1990年，民革省市组织先后成立了中山科技咨询服务部、三联建筑工程设计小组，在建筑设计方面达到了一定水平；1992年，民革合肥市委会成立“科技兴农”小组，开展水稻、茶叶、果树、蚕桑种植技术方面咨询服务，受到中共合肥市委、市政府和有关部门好评。1987年，民建合肥市委会所属的工商咨询服务公司与清华校友会配合，为合肥地区50多家中小企业和乡镇企业提供技术咨询，协助引进设备和人才；合肥无线电二厂民建支部在1991年开展“为‘质量、品种、效益年’献计出力活动”，为开发立体式彩电和黑白电视机电路国产化作出了突出贡献。农工党合肥市委会2005年成立法律服务工作站，组织合肥地区6个律师事务所开展法律咨询和法律服务进社区活动，受到农工党中央表扬，并作为经验在全国介绍。

公益活动

合肥市各民主党派、工商联始终把公益活动作为开展社会服务的重点内容和传统项目，配合国家实施希望工程、春蕾计划和开展“三下乡”等活动，灵活开展多种形式的捐款捐物、义诊义演、扶贫助学等活动，受到社会广泛好评。1991年安徽水灾，各民主党派省、市组织积极发动成员赈灾救灾，民建、致公党等党派还联合召开“抗洪救灾、重建家园献计献策座谈会”，向政府提出具体的对策建议。1995年，在合肥一环路建设中，各民主党派和社会各界兴起为一环路建设捐款热潮。2003年“非典”爆发后，合肥民进成员创作漫画作品《抗“非典”歌诀图解》，积极宣传防疫抗疫。2005年，民革合肥市委会积极牵线搭桥，促成安徽佳能轮胎公司向市属三县500

名特困学生捐资100万元，成为当时全市最大一笔扶贫助学款。此外，一些民主党派还结合各自实际，打造各具特色的活动项目。如农工党合肥市委会的“国际科学与和平周”活动、民盟合肥市委会的“民盟论坛”，已成为他们开展社会服务的传统品牌。

第三节　坚持和完善多党合作和政治协商制度

一、健全政治协商和民主监督机制

恢复党外人士座谈会制度

1980年5月底，中共合肥市委邀请各民主党派、工商联负责人和无党派人士座谈，听取他们对统战工作的意见，恢复了已中断14年的党外人士座谈会制度。此后，凡有全市性的重大活动、重要会议和重要工作，均根据具体情况，邀请党外人士参加，听取他们的意见建议。1984年9月15日，市政协和市委统战部联合召开合肥市经济体制综合改革听取意见会，参加会议的各民主党派负责人和各界人士踊跃发表意见，积极建言献策。

健全和完善协商通报制度

1986年，中共合肥市委在《转发市委统战部〈关于进一步完善共产党领导的多党合作和协商制度的几点意见〉的报告》中，明确提出要在政治协商方面注重完善制度、在民主监督方面注重健全机制。

1989年，《关于坚持和完善中国共产党领导的多党合作和政治协商制度的意见》下发后，合肥市紧密结合实际制定配套措施，积极在政治协商、民主监督的内容具体化、运行机制化、操作规范化方面进行探索和实践。

进入21世纪以后，多党合作和政治协商面临着许多新情况新问题，2005

年和2006年，中共中央先后颁发《中共中央关于进一步加强中国共产党领导的多党合作和政治协商制度建设的意见》《中共中央关于加强人民政协工作的意见》，对多党合作和政治协商的原则、内容、方式、程序等作了科学规范，提出具体要求。中共合肥市委以贯彻落实这两个《意见》为抓手，坚持协商于决策之前，把协商通报纳入决策程序，积极推动政治协商、民主监督制度化、规范化建设向深度拓展。

据不完全统计，1986年至2005年，中共合肥市委召开或委托市委统战部等相关部门召开的民主协商会、通报会、座谈会达131次，协商通报的内容涉及经济社会发展的各个方面。全市重大决策出台、重大改革举措实施、重要人士安排等，坚持事前向民主党派、工商联和无党派人士通报协商、征求意见、听取建议。中共合肥市委、市政府每年都要召开若干次小范围、高规格的情况通报会、征求意见会、专题座谈会，向民主党派和党外人士通报全市经济社会发展情况；市委书记、市人大常委会主任、市政府市长、市政协主席每年至少召集一次民主党派和工商联主要负责人、民族宗教界代表人士的谈心会、座谈会，敞开思想，交换看法，了解情况，征询意见。2006年，中纪委、监察部等部门《关于向民主党派通报党风廉政建设和反腐败工作情况、邀请民主党派参加党风廉政建设专项检查的实施意见》印发后，合肥市认真贯彻执行，坚持做到每年就全市党风廉政建设和反腐败工作向民主党派通报情况、听取意见。

不断拓宽民主监督渠道

1990年，合肥市委统战部协助有关部门聘请了58名民主党派成员、工商联会员及无党派知名人士，分别担任特约监察员、特约检察员、特约审计员和特约教育督导员。随后，市县区相关部门在开展效能建设、文明创建和有关专项检查、执法督查等工作中，相继聘请了一大批民主党派成员和无党派人士，分别担任党风监督员、行风评议员、特约检查员等。建立对口联系单位，对于落实政治协商制度、贯彻国家法律法规和方针政策、实现决策民主化和科学化，具有重要意义。1990 年 6 月，中共合肥市委召开专题会议，研究建立民主党派、工商联与市直有关部门对口联系制度，确定对口联系单位。1994 年，中共合肥市委和市政府专门印发文件，明确规定对口联系工作中的具体事项。2002 年 9 月，召开全市对口联系部门联席会议，市政府 17 个工作部门和各民主党派、工商联在会上交流了对口联系工作经验。

积极支持民主党派参政议政

市委统战部和相关部门在发挥民主党派发挥参政议政作用方面，注重组织引导，加强服务保障。1990 年开始，市委统战部每年都要广泛发动全市统一战线各部门各单位，围绕全市中心工作和群众关心的热点、难点问题，开展调查研究。2003 年，制定了《合肥市民主党派工商联专题调研成果评审和组织考核方案》，市委统战部每年通过评审、考核，进行表彰和奖补。各民主党派和工商联在服务合肥改革开放和经济社会发展过程中，履行参政议政职责的主动性、自觉性不断增强，有的健全考察调研制度，有的成立参政议政工作部门，通过深入调查研究，反映社情民意，积极建言献策，调研成果和议案提案的质量逐年提高，影响日益扩大。如民革合肥市委会关于建立诚信体系的调研和实行政务公开的提案，民建合肥市委会关于清理乡镇不在编人员的建议，市工商联关于合肥加工制造业基地的调研等，得到了安徽省和合肥市党政领导的充分肯定和高度重视。

二、加大党外人士的选拔、培养、使用工作力度

遵循“长期共存、互相监督、肝胆相照、荣辱与共”基本方针，中共合肥市委高度重视与党外人士合作共事，在民主党派成员和无党派人士的政治安排和选配任职等方面，不断加大工作力度。

中共十一届三中全会后，合肥市相继推选了一大批党外人士担任人大代表、政协委员。1980 年，在市八届人大的 750 名代表中，就有党外人士代表 185 名；在市六届政协委员会的 412 名委员中，就有党外人士 225 名，占委

员总数的54.6%。1983年，在市九届人大的723名代表中，民主党派和无党派人士代表共有241名，占代表总数的33.3%；同年7月，市政协召开七届一次会议，参会的委员构成发生新的变化，党外人士所占比例由上届的54.6%上升到60%。这次政协会议之前，市委统战部负责协助市政协进行党外人士的推荐考察，经过近7个月的广泛考察、反复协商，确保政协委员的构成具有广泛代表性，为后来开展党外人士推荐考察工作积累了经验。与此同时，积极推选民主党派成员和无党派人士担任各级领导职务，据1985年统计，在全市各级领导岗位中已有相当数量的党外人士。其中，副市级2人、县处级19人、科级300余人；他们之中有全国人大代表4人、省人大代表6人、市人大代表34人，全国政协委员3人、省政协委员2人、市政协委员127人。

1986年，中共中央批转中央统战部《关于新时期党对民主党派工作的方针任务的报告》后，中共合肥市委进一步加大对民主党派和党外人士的选拔、培养、使用工作力度，要求组织、统战、人事部门对全市党外后备干部进行广泛调查摸底，明确提出要制订计划、确定目标，在多层次、多渠道推荐的基础上掌握一批名单；要严格按照干部“四化”标准，抓好教育和培养；要坚持任职条件进行全面考察，做到成熟一个配备一个。到1993年，在市和区县政府中，有1位民主党派成员担任副市长，4位无党派人士担任县区副县长和副区长；在市政府部门和其他机构中，民主党派和无党派人士担任县处级以上领导职务的有17人、担任科（局）级领导职务的有300多人。

到2005年，据不完全统计，在市、县（区）政府部门和司法机关担任领导职务的党外干部共有42人。其中，8人为副市级干部，5人担任正职领导；在各民主党派、工商联成员和无党派人士中，共有全国人大代表、政协委员各1人，安徽省十届人大代表8人、九届政协委员23人，合肥市十三届人大代表76人、十一届政协委员294人。

1996年12月，经过认真推选，合肥优秀民营企业家王世清当选为民建合肥市委会主委，此后他又相继当选为市政协副主席、全国人大代表、全国工商联执委、安徽省政协常委，省政府参事等。

三、支持民主党派和工商联加强自身建设

组织建设

党的十一届三中全会以后，民进、致公党、九三学社不断加快组织建设。九三学社合肥分社1957年成立时，一直承担着省级组织的职能，1977年11月恢复活动后，积极着手发展市级组织。1979年9月，建立了九三学社合肥小组；1984年9月3日，九三学社合肥市委会成立。民进和致公党在安徽建立组织起步稍晚。1981年12月民进中央直属安徽支部成立后，开始在合肥市发展基层组织，1982年12月建立了民进合肥十六中支部。1985年7月，民进合肥市第一次代表大会召开，正式成立民进合肥市委会。1986年8月，致公党中央同意组建致公党安徽省工委筹备委员会，1989年10月，同意成立致公党合肥市筹备委员会。1997年4月25日，致公党合肥市第一次党员大会召开，致公党合肥市委会正式成立。至此，合肥市民主党派市级组织已发展到7个。

中共合肥市委对各民主党派组织建设问题始终高度重视，1996年和1999年，分别以贯彻中央统战部《关于民主党派组织发展若干问题座谈会纪要》《各民主党派中央关于加强自身建设若干问题座谈会纪要》为契机，组织各民主党派认真开展学习讨论，引导他们在组织发展中坚持政治标准，注重政治素质，健全发展程序，严格把好入口关，防止片面追求年轻化、单纯追求数量的倾向。1986年至2005年，合肥市各民主党派先后进行4次换届。每次换届前，合肥市委统战部均成立换届工作领导小组，并制定程序规范的换届实施意见。换届后，都有计划、分层次选送各民主党派负责人参加各级各类培训，努力提高他们的政治素质和业务水平。

思想政治建设

积极创造条件，组织引导各民主党派加强政治理论学习，巩固和发展民

主党派与中国共产党长期合作的思想政治基础。1992 年 7 月成立了合肥市社会主义学院。根据中共合肥市委统一部署和要求，全市各民主党派和工商联组织认真开展马克思列宁主义、毛泽东思想、邓小平理论、“三个代表”重要思想、科学发展观及新时期统一战线理论的学习活动，扎实开展多种形式主题教育，不断增强坚持和发展中国特色社会主义的政治共识。2003 年，各民主党派和工商联组织相继开展“三增强”“四热爱”主题教育活动（即增强对“三个代表”重要思想的认识、增强对社会主义制度优越性的认识、增强中华民族凝聚力，热爱中国共产党、热爱祖国、热爱社会主义、热爱人民）；2004 年，围绕庆祝建国 55 周年和纪念邓小平诞辰 100 周年，开展以祖国好、共产党好、社会主义好、改革开放好为主题的“四好”教育活动；2007 年中共十七大召开后，各民主党派把树立和践行社会主义核心价值观作为中国特色社会主义主题教育活动的深化和延伸，在学理论、学典型等方面，积极探索和创新活动载体，取得了良好的成效。

工作保障

针对统战系统长期存在经费不足的问题，1987 年，市委统战部、市财政局对各民主党派、工商联机关进行联合调查，逐一登门走访，了解具体情况，逐步加以解决。1993 年，在市财政困难的情况下，拨出专款解决民主党派工作经费超支挂账问题。1994 年，在大幅度增加民主党派办公经费的同时，还特别单列了专项业务经费。同年 5 月，市委统战部、市财政局联合下发《关于支持民主党派组织开展工作的几点意见》，明确规定民主党派机关工作经费逐年增加。2001 年至 2005 年，各民主党派仅专项经费就增加近 2 倍。为逐步改善民主党派工作条件，1990 年和 1998 年，市财政先后两次拨出专款，购买民主党派机关办公用房。2005 年，中共合肥市委、市政府投资 5200 万元，着手新建民主党派综合办公大楼。2007 年 11 月，一座功能完善、布局合理、总建筑面积 12000 平方米的民主党派综合办公大楼正式落成启用，从根本上解决了民主党派和工商联的办公用房问题。

第四节　做好新时期党外知识分子工作

一、贯彻落实“尊重知识、尊重人才”方针

早在1977年5月，尚未恢复工作的邓小平就在一次谈话中指出，“一定要在党内造成一种空气：尊重知识，尊重人才。要反对不尊重知识分子的错误思想”。同年7月，中共合肥市委召开了县区委书记会议，提出一定要营造一个尊重知识、尊重人才的良好社会风气，充分发挥知识分子的专长，用非所学的要适当调整，使知识分子在社会主义革命和社会主义建设中发挥积极作用。会议还专门研究和布置了落实知识分子政策问题，强调要从政治上、生活上关心知识分子。9月，中共中央发出关于召开全国科学技术大会的通知后，中共合肥市委立即召开了动员大会，号召全市科技战线上的广大科技人员、干部和职工，尽快把科学研究搞上去，向科学技术现代化进军，为加速实现四个现代化作出更大贡献。会议还提出要切实做好“三个抓紧”，即抓紧搞好科技战线的整顿，抓紧落实党的知识分子政策，抓紧制定科学技术规划，努力建设一支又红又专的科技队伍。

为了迎接全国科学大会的召开，合肥市于1977年12月31日至1978年1月3日，召开了第一次全市科学技术大会，发出了《全党动员，向科学现代化进军》号召，并表彰了257项科技成果。全市科学技术大会的召开，标志着合肥科技事业迎来了大发展的春天。1978年3月，邓小平在全国科学技术大会上的讲话中指出，知识分子是工人阶级的一部分，并着重强调和阐述“科学技术是生产力”。在这次大会上，合肥市有98项科技成果荣获“全国科学大会奖”，由安徽无线电厂（后改名为安徽电子计算机厂）与清华大学等单位联合设计试制成功的中国第一台DJS－050微型电子计算机，获得“重大成果奖”。

随着全国、全市科学技术大会的召开，“尊重知识、尊重人才”在合肥大地上蔚然成风，落实知识分子政策成为合肥市各级党政机关的重要工作。1982 年 2 月至 6 月，中共合肥市委用近 4 个月的时间，对落实知识分子政策情况组织全面检查。检查结果表明，党的十一届三中全会以来，全市上下认真落实知识分子政策，在复查、平反冤假错案的同时，晋升了中级以上技术人员 1220 人，调整了用非所学、使用不当的专业技术干部 622 人，录用和安排了 40 多名社会闲散科技人员；吸收了 530 名知识分子入党；选拔了 222 人进入县以上各级领导班子；基本解决了中级以上技术人员夫妻分居两地的问题；举办了 46 个学制 1—2 年的科技干部专业进修班，参加学习的达 2800 多人。

1982 年 8 月，中共合肥市委、市政府召开了知识分子工作会议，明确提出了四项任务：一是进一步肃清极左的错误影响，端正对知识分子的看法；二是广泛开展与知识分子谈心、交朋友活动，帮助他们解决实际问题与困难；三是积极关心知识分子政治上的进步，大胆选拔年富力强、德才兼备、有组织领导力的知识分子到各级领导班子岗位上；四是加强对知识分子培训的工作，不断提高他们的业务能力。

通过贯彻落实“尊重知识、尊重人才”方针，大大调动了全市广大知识分子的积极性和创造性，激发了他们在各自岗位上努力工作、奉献才智的满腔热情。民盟盟员、合肥三中原英语教师方立署退休之后，在家中办起了家庭义务英语补习班，经他辅导的学生和职工达千人以上。民盟盟员梁小斌 1986 年出版的诗集《雪白的墙》荣获“全国优秀诗歌奖”。少数民族作家完颜艺舟、完颜海瑞创作的长篇历史小说《神鹰》荣获首届“全国长篇历史文学作品二等奖”。

二、全面调研党外知识分子情况

1984 年 12 月，中央统战部在《关于统战部门知识分子工作的对象、范围和工作任务的意见》中，明确提出知识分子工作是全党的工作，党外知识分子干部是新时期统战工作对象，党对知识分子的工作由组织部门抓总，统战部门要做好有代表性的党外知识分子工作，党政有关部门制定知识分子政策时应邀请统战部门参加。为有针对性地做好新时期党外知识分子工作，1988年3月，合肥市委统战部会同市委组织部、市科委、市人事局、市科协等5家单位下发了《关于对全市非党知识分子进行一次调查的通知》，并组建了联合调查组，对全市党外知识分子情况，特别是中、高级知识分子的思想、工作、学习和生活等方面的情况，进行了全面调研，为做好党外知识分子的统战工作提供了参考依据。

全市知识分子的总体情况

本次调查采取问卷登记方式，调查对象以合肥市为主，不包括省、部属在合肥单位和科研院所的知识分子。经过一个多月的集中调查，全市登记的知识分子总数为49228人。其中：性别方面，男性32313人、女性16915人；职称方面，高级职称938人、中级职称9654人、初级职称21706人；学历方面，本科以上5088人、专科6376人、中专16267人；年龄方面，40岁以下16473人、40岁至60岁12281人、60岁以上501人；政治安排方面，省人大代表14人、政协委员13人，市人大代表77人、政协委员152人，县区人大代表204人、政协委员203人；海外方面，台胞178人、港澳同胞61人、海外侨胞76人、归侨31人。

党外知识分子的基本情况

在调查登记的49228人中，党外知识分子29255人，占知识分子总数的59.43%。在党外知识分子中，民主党派成员1036人，占知识分子总数的2.10%、占党外知识分子总数的3.54%；无党派人士28219人，占知识分子总数的57.32%，占党外知识分子总数的96.46%。党外知识分子的年龄结构，40岁以下占56.08%，40岁至60岁占41.98%，中青年占大多数；职称构成方面，初级占45.35%，中高级知识分子占19.8%；政治安排方面，被推选为省、市及县区人大代表和政协委员 663 人，占党外知识分子的 2.27%，其中人大代表占 1.01%，政协委员占 1.26%。

关于党外知识分子工作、学习、生活等方面的情况，联合调查组在登记调查的同时，还进行抽样调查和意见征询。经过综合分析认为：党外知识分子所占比例超过一半，充分说明做好新时期党外知识分子统战工作极为重要、任务艰巨；党外知识分子中参加民主党派的比例不高，建议各民主党派在组织发展过程中，应注重培养和吸纳党外知识分子，以增添组织活力；党外知识分子所反映的政治安排问题，以及职称、住房、实验室、工作助手、劳动报酬、夫妻分居等问题，要予以高度重视并认真研究解决。

三、加强党外知识分子的统战工作

在 1988 年全面调查、了解情况的基础上，中共合肥市委随即有针对性地采取措施，不断加强党外知识分子的统战工作。一是进一步加强领导，号召统战部门和相关党政部门与知识分子广交朋友；二是建立健全党外知识分子统一战线工作机制；三是增加科技投入，不断改善知识分子的工作条件，尤其是急需改善的实验室设施和设备；四是对党外知识分子进一步在政治上关心，在工作、学习和生活方面帮助他们解决实际问题，充分调动广大知识分子的积极性、创造性。

随着社会主义市场经济体制的建立和科教兴国战略的实施，党外知识分子工作的重要性日益突显。1992 年 5 月，在《中共中央办公厅转发中央统战部〈九十年代统一战线工作部门工作纲要〉的通知》中，第一次明确提出，党外知识分子工作是统一战线的基础性工作。1993 年机构改革中，中共中央进一步明确统战部门在知识分子工作方面的职责和任务，推动了党外知识分子统战工作不断走向规范化。此后，合肥市进一步拓展党外知识分子统战工作的广度和深度，党外知识分子统战工作逐步向高校、企业及留学人员中延展。

第五节　加强非公有制经济领域的统战工作

一、非公有制经济人士成为统战工作的重要对象

随着改革开放和社会主义市场经济的发展，以个体户、私营企业主等为代表的非公有制经济人士，开始出现并快速发展，成为新的社会群体和社会阶层。1989 年 3 月，中央统战部在《关于开展私营企业统战工作的几点意见》中明确提出，私营企业者是发展商品经济的一支重要力量，是社会主义初级阶段统战工作的重要对象。1993 年，第十八次全国统战工作会议提出，“中央决定把做好非公有制经济代表人士思想政治工作的任务交给工商联，这是一个带有战略意义的重要措施，为统一战线工作开辟了一个新的重要领域”。2000 年，第十九次全国统战工作会议和《关于加强统一战线工作的决定》中，明确提出“非公有制经济人士”是中国特色社会主义事业的建设者，并将其列入 21 世纪统一战线的工作范围。

中共合肥市委认真贯彻党的统战政策，坚持“团结、帮助、引导、教育”的方针，对非公有制经济人士既鼓励支持又帮助教育，引导他们做到“三个结合”，即把自身企业的发展与国家的发展结合起来，把个人富裕与全体人民的共同富裕结合起来，把遵循市场法则与发扬社会主义道德结合起来。

二、大力推进非公有制经济的发展

支持民营企业发展

中共合肥市委和市政府对发展民营企业高度重视，不断完善各项支持、扶植政策。1986 年至 2005 年，先后出台了《关于放手发展个体私营经济的决定》《关于进一步加快发展个体私营经济的决定》《关于深入贯彻落实合发

〔1998〕7 号文件的通知》《合肥市发展私营企业条例》等一系列政策和法规，引导、鼓励和规范个体私营经济的发展。成立了合肥市个体私营经济发展领导小组，加强对个体私营经济的领导、协调和管理。市、县区相继出台了个体私营经济发展规划，为民营企业发展创造良好的生态环境。在中共合肥市委和市政府的支持、鼓励下，在市委统战部、市工商联和相关部门的服务、引导下，全市民营企业、个体工商业等非公有制经济从小到大，由弱变强，在全市经济社会发展中的作用和地位日益凸显。

鼓励民营科技发展

1990 年，合肥市拥有国家及部属科研机构 12 个、省属 80 个、市属 23 个。随着改革开放不断深入，全市民营科技快速发展。到 1991 年，市级审批成立的民营科技企业达 103 家，其中，集体性质 76 家、私营性质 3 家、个体性质 24 家。为引导民营科技健康发展，1993 年，市政府印发了《合肥市民营科技机构管理办法》，规定了民营科技机构的性质、审批程序、优惠政策、监督管理等事项。1994 年，在贯彻落实省委统战部、省人事厅关于非公有制企业评定专业技术职称政策文件过程中，进一步明确了全市非公有制企业中专业技术人员职称评定工作，由市工商联牵头管理，纳入当地人事部门统一组织，从根本上解决了民营企业技术人才的后顾之忧。在政府的鼓励和政策的引导下，合肥市一大批博士、硕士和专家学者纷纷领头创办民营企业。到 1994 年底，全市民营科技企业发展到 358 家，开发出新产品、新成果 100 多项。1998 年，合肥市科委等部门制定了《关于贯彻执行〈集体科技企业产权界定若干问题的暂行规定〉的实施意见》，进一步推动民营科技企业的发展，全市涌现出一大批民营企业科研所和专业技术协会、学会、研究会。安徽三联事故预防研究所成为全市第一家进行股份制改造的民营科技企业。

民主党派助力非公有制经济发展

民主党派十分关注民营科技企业发展，早在 1984 年，民建合肥市委会就与清华校友会配合，为合肥中小企业提供服务，2002 年在市政协十届五次会议上积极呼吁“全力推动我市个体经济发展壮大”。九三学社合肥市委会 2003 年提出《关于加快我市民营科技企业健康发展的建议》，被市政协列为主席督办提案；2004 年提出的《强化企业知识产权，推动技术创新，迎接 WTO》《发展城市功能，打造科技品牌，加速合肥现代化大城市建设》《加快培养使用技工人才的建议》等建议，受到省政协、省委统战部的高度关注。2005 年，民盟合肥市委会向市政协提交了《建立民间风险投资基金，促进科技成果转化》提案，为推进民营企业改革发展鼓与呼。

三、切实加强非公有制经济领域统战工作

坚持团结引导

为切实贯彻“团结、帮助、引导、教育”的方针，认真做好非公有制经济领域统战工作，合肥市委统战部、市工商联和相关党政部门建立了与非公有制经济代表人士联系制度，经常了解他们的思想状况和企业经营状况。2005 年 8 月，中共合肥市委主要负责人与 17 位非公有制经济代表座谈，征求意见和建议。同年 9 月，市委统战部、市发展计划委员会等 6 个部门在非公有制经济领域联合开展“争当优秀中国特色社会主义事业建设者”活动。

加强学习培训

2000 年 8 月，合肥市委统战部推荐部分民营企业代表参加中央统战部组织举办的“加入世界贸易组织”培训班学习。随后，市工商联组织民营企业分两批 24 人赴中央党校学习培训；与安徽大学合作开办民营企业培训班；邀请著名教授学者举办“民营企业家论坛”；在民营企业中开展建设学习型组织和创建精神文明活动。为保护民营企业合法权益，市工商联还设立了民营企业“维权办”和“投诉站”，开展法律维权服务，及时受理投诉案件。

推进政治安排

中共合肥市委把加强非公有制经济代表人士队伍建设作为新时期统战工作的重要内容，积极推进对非公有制经济代表人士的政治安排。2002年，华泰集团董事长陈先保在市工商联第十一次会员代表大会上当选为市工商联主席。2003年，市辖各区先后成立了工商联组织，会长均由非公有制经济代表人士担任。到2007年，全市非公有制经济领域中的个体私营企业主有400多人分别当选为各级人大代表、政协委员；30多人被评为全国、省、市劳动模范；安徽三联集团董事长金会庆当选为第十届全国人大代表、全国工商联副主席。

第六节　贯彻落实新时期民族、宗教政策

一、巩固和发展社会主义新型民族关系

合肥少数民族概况

合肥市属于少数民族杂居、散居地区，少数民族人口相对较多的是回族、满族。新中国成立后，随着城市发展，少数民族人口逐渐增加。据2000年全国第五次人口普查统计资料，合肥市总人口为4467384人，少数民族人口为38970人，约占全市总人口的0.9%，有43个少数民族成分。其中，少数民族人口最多的回族30841人，其次为满族2438人，相对较多的蒙古族1365人、壮族552人、彝族496人、苗族477人、土家族472人、布依族335人，其他少数民族人口较少。

宣传贯彻民族政策

党的十一届三中全会以后，中共中央、国务院在民族工作方面先后制定

实施一系列政策举措，巩固和发展社会主义新型民族关系。中共合肥市委历来重视民族工作，在贯彻落实新时期党的民族政策工作过程中，坚持从民族政策的宣传教育抓起，采取切实措施，积极营造民族团结的良好社会氛围，大力促进各民族共同发展和共同繁荣。1980 年起，全市认真贯彻落实中央统战部、中央宣传部和国家民委党组关于《民族政策宣传工作座谈会纪要》，坚持把集中性的宣传教育与经常性的宣传教育结合起来，把宣传教育与落实政策、解决问题结合起来。1981 年春节前后，全市各相关单位、乡镇、村相继组织不同形式的民族政策学习会、民族工作座谈会、少数民族代表联欢会等。1982 年，市民族宗教事务处下发《关于回族职工开斋节放假及节日供应问题的通知》，对各项具体工作提出落实要求。1986 年国庆前夕，市民族宗教事务处、合肥电视台深入到肥东县民族村镇，进行实地调查采访，报道少数民族群众生产发展情况，收到良好的宣传效果。1993 年，国家民委颁布实施《城市民族工作条例》《民族乡行政工作条例》后，全市上下充分利用广播、报纸、黑板报、画廊等新闻媒体和宣传工具，进行广泛宣传，为保障少数民族权益、推进民族工作法制化建设，营造了良好的社会环境。为扎实推进“民族团结宣传月”活动，2000 年，市民委组织民族工作干部和社会各界人士 3000 多人，参加安徽省民族知识竞赛活动。2001 年以后，坚持多方位、多渠道，持续深化民族政策和民族知识宣传教育，做到“电视有图像、空中有声音、报纸有文字”。同时，积极开展各民族“共同发展”提升行动，启动“民族一家亲”爱心行动，进一步促进了各民族团结和谐、共同繁荣。2010 年，市民族宗教事务局荣获“全国民族团结进步模范集体”称号，2011 年，市政府被授予全省“共同发展”提升行动先进单位称号。

做好民族事务管理

一是建立管理机构。1979 年，成立合肥市民族宗教事务处，统一管理全市民族和宗教事务，帮助民族乡村、社区发展民族经济，引导各民族居民建立相互依存、相互信任、相互帮助、邻里和睦的民族关系。二是恢复少数民族姓氏。肥东县是全省满族人口最集中的地方，因为历史原因，居住在这一带的满族（原女真族）完颜氏后裔为免受歧视和压迫，一直隐族易姓，改族为汉、改姓为完。中共十一届三中全会后，随着民族政策的贯彻落实，完颜氏后裔明确要求恢复自己的民族和姓氏。1983 年 5 月 7 日，肥东县人民政府依据民族政策和历史事实，正式批准恢复满族完颜氏；6 月 23 日，完颜氏族人在肥东县牌坊村举行庆祝大会，省、市、县相关部门到会祝贺。三是建立民族乡、村、社区。认真贯彻落实《中华人民共和国民族区域自治法》和国家民委《城市民族工作条例》《民族乡行政工作条例》，1994 年，经省政府批准，在肥东县新组建了牌坊回族满族乡；将长丰县孤堆乡更名为孤堆回族乡（2004 年行政区划调整时划归淮南市管辖）。此外，全市还先后建立了 12 个民族村、2 个民族社区和 2 所民族卫生院、9 所民族中小学。四是推进民族服务设施建设。1982 年，省、市民族宗教部门共同筹建合肥民族服务社，下设明教寺清真素餐馆、宿州路小商店、城隍庙“庐州民族用品之窗”，此后又陆续兴建了民族饭店、清真食品厂、民族服务社、数十家清真牛羊肉摊点和民族小吃店、3 处回民墓地。五是支援少数民族教育发展。1994 年，在肥西师范学校开办民族师范班，为全省民族学校培养师资。2009 年，在合肥师范学院开办少数民族预科班，为少数民族的干部和人才队伍建设提供后备资源。为落实“教育援藏”“教育援疆”任务，2001 年合肥市第三十五中学开办了西藏班，2011 年合肥幼儿师范专科学校开办了新疆班。

发展少数民族经济

党的十一届三中全会以来，围绕实现各民族共同繁荣发展的目标，中共合肥市委、市政府坚持从实际出发，大力发展少数民族经济，取得明显成效。

1985 年起，省、市、县每年各拨出 10 万元专款，用于扶植少数民族乡村、社区发展经济，国家民委《民族团结》杂志为此刊发专文，介绍了合肥的经验。1987 年，市民族宗教处与市政协民族工作组联合召开少数民族个体户座谈会，并在了解情况、听取意见的基础上，积极与有关部门协商，帮助他们解决实际问题。1992 年，围绕“八五”期间力争消灭少数民族地区集体经济“空白村”目标，市民委和各县民族宗教部门坚持“厘清思路，多办实事”，积极争取社会各界支持，先后在肥东县 5 个民族村引进推广泰国、菲律宾等国 6 种优质水稻播种，提高了少数民族群众的收入；在肥西县马河湾民族村推广栽种桑树并初见成效；在长丰县民族村饲养哈白兔获得较好收益。同时，多渠道引进资金 80 余万元，为少数民族乡、村整修提水机械、架设电线、修复机耕路。1993 年起，以长丰县孤堆回族乡为试点，每年召开一次发展少数民族经济工作现场会，中共合肥市委、市人大、市政府领导亲临现场指导，协调市直 40 多个相关部门及大中型企业，从财力、物力、技术等方面扶持孤堆回族乡经济发展。与此同时，组织市教委、民政局、蔬菜办等单位，援助和支持肥东县牌坊回族满族乡种植大棚蔬菜。到 1995 年，全市少数民族经济有了很大发展，长丰县孤堆回族乡人均年收入由 1993 年的 500 元上升到 910 元；肥东县牌坊民族乡人均年收入由 750 元上升到 1300 元。1997 年，市直相关部门多次深入孤堆、牌坊两个民族乡进行调研，继续增加对孤堆民族乡的支援。1999 年，在争取到省民委支持 30. 5 万元的基础上，市财政当年安排 30 万元，设立了少数民族发展资金，此项经费列入财政预算并逐年增加；市计委、建委、规划设计院帮助民族乡、村制订了经济社会发展总体规划；市财政局、交通局等部门帮助整修了回民公墓的沙石路；市工商联动员个体企业捐款，帮助郊区梁墩回族村建设光彩希望小学教学楼；市教委支持资金帮助牌坊民族中学兴建了实验楼。2000 年，市政府把长丰孤堆回族乡、肥东回族满族乡和肥西的两个民族村列为全市良种羊养殖示范点，市财政安排专项资金予以扶持。2003 年，市人大、市政协在对全市民族工作调研的基础上，积极呼吁和协调全市各界通过多种方式支持少数民族经济发展；市民委通过协调和联系外贸出口企业，帮助民族乡村发展订单农业。到 2006 年，肥东县牌坊回族满族乡连续 5 年被评为全县科学发展先进乡镇、合肥市民族团结进步先进集体，经济总量在全省少数民族乡中居于首位。2017 年，牌坊回族满族乡牌坊民族村被国家民委命名为第二批“中国少数民族特色村寨”。

二、推进宗教事务管理法治化

合肥宗教工作概况

合肥宗教文化源远流长。历史上主要有佛教、道教、伊斯兰教、基督教、天主教。新中国成立后，中共合肥市委认真贯彻执行党的宗教政策，保护宗教团体和宗教信众开展正当活动。“文化大革命”中，许多宗教活动场所遭到损毁或占作他用，公开合法的宗教活动被迫停止，其中道教受到冲击几近消亡。中共十一届三中全会以后，中共合肥市委、市政府坚持实事求是、有错必纠，对宗教界的历史案件进行复查平反，对被占用的宗教活动场所一律归还，对损毁严重的寺观、教堂拨款修缮。同时，组织宗教界人士学习党的宗教政策，消除思想上的疑虑，增强爱国爱教信心，并鼓励和引导宗教界人士积极参政议政。1979 年，合肥市民族宗教事务处成立，统一管理全市宗教事务。1980 年起，相继恢复和成立了合肥市清真寺管理委员会、合肥市基督教“三自”爱国运动委员会、合肥市佛教协会、合肥市天主教爱国会 4 个市级宗教团体，各宗教团体先后制定了爱国公约和有关规章制度，依法依规开展宗教活动，同时，还与海外和港澳台宗教界人士开展联谊活动。

帮助宗教界解决实际问题

1985 年，合肥市对基督教、天主教、佛教、伊斯兰教活动场所进行统一规划和建设，增建了部分基督教活动点，全市宗教活动场所由 14 处增加到 22 处。1994 年，合肥市宗教局积极与有关部门协调，妥善处理了睡佛庵的拆迁安置问题。同年，支持市佛教协会修复相关寺庙。肥西县紫蓬山西庐寺大王殿经过修复，恢复了佛事活动；肥东县龙泉寺经过修复，举行了佛像开光仪式；市政府批准了五百罗汉堂建设项目，并成立了五百罗汉堂筹建委员会（后来该项目与开福寺一并规划建设）。1997 年，市财政安排 13 万元专款，为宗教活动场所解决修缮资金。1998 年，市宗教局组织抗震专家经过实地勘测和反复论证，对基督教堂进行维修、对清真寺大殿进行抗震加固。2001年，开福寺规划建设工作开始启动。开福寺是唐代贞观年间慧满禅师卓锡弘法之所，位于合肥市大蜀山南麓，距今有1400多年历史，抗日战争中毁于战火。2001年，妙安法师、圆藏法师及明教寺众弟子通过募化捐资，拟在原址重建开福寺，2009年底得以重光。2002年，帮助合肥市天主教会彻底解决了房产问题。2004年，协调并帮助解决基督教堂复建等问题。

依法管理宗教事务

1981年，市民族宗教事务处与市佛教协会筹委会专门研究明教寺的建设和管理工作，建立了以住持、监院为首的民主管理组织。1987年，支持市清真寺民主管理委员会进行内部调整、理顺关系，提高了他们的自我管理能力。1990年，召开了市区宗教工作会议，通报基督教私设聚会点的情况，促使40多个私设聚会点停止活动；召开加强农村基督教活动管理工作经验交流会，进一步加强对基督教活动的管理。

20世纪90年代，我国宗教立法工作和宗教管理法治化步伐不断加快，依据国务院发布的《宗教社会团体登记管理实施办法》《宗教活动场所管理条例》《宗教活动场所登记办法》《宗教活动场所年度检查办法》等行政法规，合肥市积极推进宗教事务管理法治化。1994年8月起，先在肥西县烟墩乡开展宗教活动场所登记试点，随后在全市展开宗教活动场所登记工作。在全面登记基础上，对全市653处宗教活动场所开展逐点调查、分类排队，严格按照登记标准进行审核，共批准了225处活动场所、撤并了398个不具备登记条件的宗教聚会点。1996年，开展宗教活动场所年检工作。当年，全市具备年检资格的163处宗教活动场所，有153处年检合格、10处被责令限期整改。1998年，市宗教事务局在总结年检工作经验基础上，制定了宗教活动场所年检工作的量化标准，国务院宗教事务局主办的《宗教工作通讯》刊载了合肥的经验与做法。同年，在全市开展“五好宗教活动场所”评选活动，11处活动场所受到通报表彰。2002年，结合举办全市宗教界培训班，指导全市各宗教团体和355处宗教活动场所规范会计行为，加强财务管理。

建立健全宗教工作机制

1993年，合肥市筹建宗教工作领导小组。同年，市委统战部、市宗教局召开城市宗教工作会议，着重研究加强对城区宗教活动管理问题。1994年，制定出台了《中共合肥市委、合肥市人民政府关于依法加强宗教事务管理的意见》，进一步完善依法管理宗教事务的各项制度。2002年，市委统战部牵头建立宗教界联席例会制度，定期组织宗教界人士学习政策法规，通报和交流情况。2004年，我国第一部宗教事务方面的综合性法规《宗教事务条例》颁布后，中共合肥市委、市政府认真抓好贯彻落实，市、县、区相继建立了由党委统战部门、政府宗教管理部门和宗教团体、宗教活动场所民主管理委员会组成的宗教事务管理体系，并逐步延伸到乡镇、街道和村居，全市宗教事务进入法治化管理新阶段。同年，市委统战部会同宗教、公安和国家安全部门建立了宗教工作定期联系制度，实行信息共享，工作联动。

与打着“宗教”旗号的不法行为作斗争

随着改革开放不断深入，合肥市宗教团体、宗教人士与境外的联系日益增多，一些不法分子借着“宗教”名义进行不法活动的事件时有发生。全市统战、政法、宗教、公安、民政等部门密切配合，联合行动，坚持综合治理与日常管理相结合，坚决抵御和打击各种打着“宗教”旗号进行的渗透活动和非法活动。1995年5月、11月，全市先后开展两次专项斗争，打击和取缔“门徒会”“被立王”“灵灵教”等打着“基督教”旗号的反动非法宗教组织。1997年，分别组织伊斯兰教、天主教爱国会的教职人员学习宗教政策与法规，并对全市10座清真寺进行调查，制订整改措施。1998年，迅速处理了肥西县发生的一起非法宗教事件。1999年，严厉打击“东方闪电”“主神教”“三班仆人派”等反动非法宗教组织，治安处罚176人次，劳教15人次，收缴邪教书籍2614册。

第七节 开创侨务工作和对台工作新局面

一、加强侨务工作和海外统战工作

建立组织机构

“文化大革命”结束后，歧视“海外关系”现象得到纠正，侨务工作和对台工作逐步提上日程。1978 年 12 月全国侨务工作会议的召开，标志着侨务工作进入了一个新时期。中共合肥市委全面贯彻党的侨务政策和对台政策，逐步建立健全侨务、对台工作的组织机构。1980 年，中共合肥市委成立对台湾工作领导小组，下设市委台湾工作办公室（简称市台办）。1982 年 1 月，成立合肥市侨务办公室（简称市侨办），同年 9 月，召开全市第一次归侨侨眷代表大会，成立了合肥市归国华侨联合会（简称市侨联）。1986 年 1 月，中央统战部牵头召开了海外统战工作座谈会，同年 10 月，合肥市委统战部在机关内部增设了联络科，积极推进海外统战工作。1987 年 6 月，合肥市黄埔军校同学会成立后，立即与海内外黄埔校友主动联系，邀请和接待他们回大陆探亲旅游。1988 年 7 月，在对全市台胞台属调查登记的基础上，成立了合肥市台胞台属联谊会，600 多位台胞台属加入这一爱国社团组织。1993 年 8 月，合肥市海外联谊会成立。1993 年 10 月起，全市展开了海外统战工作的调查。为加强与台商的沟通联系，2003 年 7 月，成立了合肥市台湾同胞投资企业协会，发展会员 60 多人，并与上海、无锡、深圳等 70 多家台会建立了联系。

加强联谊交流

中共合肥市委、市政府高度重视侨务工作，通过多种形式与侨界加强联谊交流。一是利用重大节日组织联谊。每年中秋、国庆、元旦、春节期间，举办多种形式的侨界联欢会、茶话会、座谈会等。特别是新年前夕，市四大班子领导坚持走访慰问侨胞侨属，并对生活困难的给予适当经济补助。侨务部门采取给远居海外的合肥籍华侨和港澳台同胞寄贺年卡的方式，捎去故乡的问候。二是利用重要庆典开展联谊。1984 年 9 月，市政府组织百名归侨侨眷、港澳台同胞参观合肥解放 35 周年城市建设成就展和市容市貌新变化；1997 年香港回归前夕，召开了全市各界人士庆祝香港回归大会，侨务部门组织了“迎接香港回归”万人接力跑活动，举办了香港回归报告会、研讨会、“迎港归”书法展等一系列活动。三是加强海外联络工作。市海外联谊会成立后，积极与港澳台及海外合肥籍人士建立联系，对他们来合肥探亲旅游、经贸考察、文化交流，热情做好服务，与他们加深感情、增进友谊。据不完全统计，1993 年至 1997 年，菲律宾慈航友谊社、新加坡天圣坛、日本企业界代表团，以及美国、加拿大、印尼、荷兰等国的华侨、华人和港澳台企业家，先后多次前来合肥交流访问，均受到热情接待。

打造侨乡品牌

肥东县长临河镇六家畈村是安徽省内著名侨乡，有“安徽第一侨乡”之称。这里有旅外侨胞及其眷属 4000 多人，分布在美国、英国、新加坡和中国港澳台等 17 个国家和地区，其中有一批在各自领域内属于有影响力的人物，如美籍华人、著名社会活动家、美国《妇女心声》杂志主编吴世珊女士；美籍华人、世界一流的畜牧兽医专家吴思孝博士；美籍华人、美国总统奖获得者刘军博士等。2006 年 5 月 28 日，经安徽省人民政府同意，省侨办正式批准肥东县六家畈镇为侨乡（同年 11 月，因乡镇撤并，六家畈镇并入长临河镇）。为增强侨乡对侨胞的吸引力、凝聚力，长临河镇积极保护和利用六家畈家族建筑群的古民居、巢湖沿岸良好生态环境，先后修建了振湖塔、红石嘴公园、吴家花园、古民居群、侨乡别苑等一批代表性景观，使侨乡品牌独具特色，成为集田园休闲、亲子娱乐、生态观光、文化体验于一体的旅游度假胜地。

二、保护归侨侨眷的合法权益

中共合肥市委、市政府高度重视保护归侨侨眷的合法权益。在侨务工作实践中，市统战、侨务等部门始终坚持办实事、惠侨胞。党的十一届三中全会后，市侨办从成立之时就全力投入侨务工作的拨乱反正，积极协助有关部门先后复查平反了175件归侨侨眷的冤假错案，并对2264份归侨侨眷档案进行整理，清除了其中各种歧视性材料；帮助归侨侨眷解决“农转非”39人、夫妻分居64户、住房困难的152户、子女升学和工作的163人。市侨联对归侨侨眷以诚相待、热情服务，对他们的来信来访坚持做到每封来信有回音、每件事情有交代、每条意见有反馈。据不完全统计，1982年至1985年，市侨联先后接待来信来访1147起，问题涉及下岗再就业、子女上学、住房、职称、涉外婚姻、出国定居、寻找失散亲属及法律诉讼等，其中95%的信访件得到了妥善处理。

1990年《中华人民共和国归侨侨眷权益保护法》颁布后，全市统战、侨务部门积极采取多种形式进行宣传贯彻。1993年9月，成立了合肥侨联服务中心，落实200万元资金，帮助归侨侨眷解决下岗、就业等问题。2002年，市侨联落实中国侨联工作部署，在全市开展“维护侨益年”活动，不断强化市、县（区）和市直部门依法维侨意识，推动了保护归侨侨眷权益工作进一步规范化、制度化。

三、吸引“三胞”参与合肥的现代化建设

随着改革开放的深入推进，从中央到地方都对吸引台湾同胞、港澳同胞和海外侨胞（简称“三胞”）参与社会主义现代化建设，形成一致的共识。中共合肥市委、市政府在贯彻“对内搞活、对外开放”方针、深入推进改革开放和现代化建设过程中，高度重视发挥侨界的资源优势，出台鼓励投资政策，不断优化营商环境；市统战、侨务等部门坚持把联谊服务与招商引资结合起来，广泛吸引“三胞”关注合肥发展、参与家乡建设。

牵线搭桥

全市统一战线各部门主动充分发挥各自优势，通过不同渠道与“三胞”建立联系、广交朋友，积极为招商引资穿针引线、铺路搭桥。改革开放初期，“三胞”是合肥市外来投资中的一支重要力量，在大量落户合肥的“三资”企业中，由“三胞”直接投资或参与出力的企业数量超过六成、投资总额超过一半，许多项目都是经由统战、侨务部门联系协调而促成的。如市委统战部1994年起多次协助有关部门接待日本东京企业界考察团，促成合肥民营科技企业——安徽三联集团与日方合作，在合肥高新开发区投资办厂，成立了中外合资的安徽丽番德时装有限公司；菲律宾慈航友谊社社长垂朗先生通过市侨务部门和海外联谊会的联系沟通，先后三次率团考察合肥，向包公故乡肥东县大包村捐资16万元，促成了合肥包公酒出口菲律宾。

台胞投资

从1988年第一家台资企业来注册，到2005年，全市台资企业和项目达258个，总投资5亿多美元。台商在合肥的投资领域覆盖饮食服务、机械制造、生物医药、高新技术、食品加工、农业综合开发等多方面，投资额在1000万美元以上的有9家。随着合肥市投资环境的进一步优化，每年都有台商来合肥进行投资考察，台资企业在合肥的投资规模不断扩大，投资领域不断拓宽，一批台资知名企业在合肥实现了快速发展。同时，台商在合肥购房置业的越来越多，热心社会公益事业的也越来越多。据不完全统计，截至2005年，长期留居合肥的台商及其家属有100多人，台商捐资助学、扶贫帮困达500万元。

公益捐赠

1991年合肥遭受特大洪灾，香港天主教爱德基金会通过合肥市委统战部，向合肥灾区转赠了价值33万余元的赈灾“暖包”。1999年，港商庞鸿向长丰县杨庙镇捐款25万元，设立了蔚云助学基金会，后又捐赠10万元兴建了杨庙镇大周小学一幢教学楼。2003年2月，广州市侨联为肥东养正小学捐赠办学资金20万元和部分教学设备、学习用品。据不完全统计，1990—2004年，合肥市统战、侨务部门先后接受“三胞”捐赠的款物折合人民币约1100多万元（不包括民政和其他部门接受的捐赠），在地方政府配套拨款基础上，兴建了30多幢中小学教学楼、2家医院、1个农民新村、1座水电灌溉站，资助了800多名贫困学生。这些捐赠对于促进合肥市公益事业和农村教育事业发展，发挥了较好的社会效益。

四、推进合肥与台湾之间交流往来

合肥市台胞台属的基本情况

合肥籍人士在台湾人数较多、影响较大，大多数人是新中国成立前随国民党军政界离开大陆到台湾的。20世纪80年代中后期，为准确掌握全市台胞台属的基本情况，市相关部门先后组织了多次调查。2004年，市政府台湾事务办公室对台胞台属进行重新登记，特别是对二代、三代台胞的情况进行核准。据不完全统计，截至2005年底，在台湾的合肥籍人士共4583人，二代、三代台胞约万余人；居住在合肥市的台籍同胞46户、91人，台属3879户、28600人；在台湾党政军界现任和卸任的中上层人士中，合肥籍人士189人，亲属在合肥的非合肥籍人士55人；每年来合肥读书的台湾学生超过60人。另外，台湾的台北、台中、高雄等城市分别有合肥同乡会。

宣传贯彻党的对台政策

安徽是全国对台工作的大省，合肥市是全国对台工作重要省会城市之一。中共合肥市委、市政府历来重视对台工作，积极贯彻党的对台工作方针政策，为促进祖国统一大业坚持不懈地作出努力。1979年以来，围绕宣传贯彻《告台湾同胞书》和对台工作“九条方针”“九二共识”“八项主张”等，相继开展多种形式的涉台宣传与教育活动。市政协、市委统战部和市相关部门经常联合举办台湾问题形势报告会；市台办、侨办坚持定期和不定期召开学习座谈会，发动台胞台属和侨胞侨属写家书、与亲友通信；市属新闻媒体积极开展涉台宣传报道，不断增进广大干部群众和台胞台属对党的对台政策的认识和理解，自觉维护一个中国原则、坚决反对“台独”。2001 年 1 月，市台办召开纪念江泽民《为促进祖国统一大业的完成而继续奋斗》一文发表 6 周年座谈会，中央电视台在新闻联播中作为头条新闻予以报道。

向台湾岛内宣传合肥

为了让台湾民众更多地了解合肥，1991 年以来，合肥市相关部门与台湾《中国时报》《工商时报》和东森电视台等媒体建立了工作联系。至 2005 年，台湾媒体先后围绕合肥企业改制、开发区建设、投资环境、台资企业在肥发展情况等，进行了 20 多次采访报道，扩大了合肥在台湾的影响力。合肥市制作的《合肥旅游与投资环境》《合肥投资项目指南》和《合肥——光辉的五十年》（画册）、20 集连续广播剧《台湾首任巡抚——刘铭传》等多种宣传品，输入台湾后受到岛内民众的欢迎。2000 年，配合南京华艺音像公司和台湾卓越传播公司联合拍摄了大型电视专题片《大陆名城之旅 · 庐州故郡新合肥》，全面介绍合肥的历史文化、人文景观、城市建设和改革开放成就，在台湾“华视”播出后受到普遍好评。重视利用涉外媒体宣传合肥，经常邀请《今日中国》、《人民日报》海外版、“海峡之声”电台等到合肥采访，2005 年 5 月，在《今日中国》开设合肥专栏，获得显著的宣传效果。

推动民间交流往来

一是支持合肥市台胞台属出境会亲。1985 年 1 月，台属洪柱国赴香港探望其父亲（原国民党蚌埠市党部书记长洪吉岚）；同年 2 月，台属董淑君赴香港会见丈夫高瞻（曾任原国民党安徽省寿县县长）；1986 年 5 月，安徽省文史馆馆员、合肥市政协常委、台属曹步萧赴港会亲。他们出行之前，市政协祖国统一工作组等相关部门均组织了不同形式的欢送会。据不完全统计，1979 年至 1987 年底，合肥市台胞台属出境会亲共 35 次、60 多人。二是热情接待台胞探亲观光。1983 年 3 月，《合肥晚报》报社叶道理的嫂嫂汪柯晖女士从台湾回合肥探亲，市政协派出专人陪同参观市容市貌和名胜古迹，并为她播放《绿色的城——合肥》录像片，展示家乡合肥新貌。1984 年 5 月，原国民党国防部中将贾似曾夫妇回大陆探亲，市政协主席专门举行欢迎茶话会。1985 年 8 月，合肥市副食品公司职工张静兰的母亲胡女士从台湾回合肥探望女儿，受到张静兰所在单位和市政协祖国统一工作组的热情接待。据不完全统计，1980 年至 1987 年底，合肥市相关部门先后接待“三胞”探亲观光 31 人次。三是妥善安置台胞回乡定居。1980 年到 1986 年底，合肥市政协先后协助安置 7 人由台湾回合肥定居。其中，原国民党陆军少将、退役军官罗园仙 1982 年 10 月回合肥定居，后来在合肥市政协七届一次会议上当选为市政协副主席；原国民党第十战区政治部少将处长马君冶夫妇 1985 年 1 月定居合肥后，被安排为安徽省政府参事。

扩大经贸文化交流

随着改革开放不断深入发展，合肥与台湾的经贸和文化交流进程日益加快。1995 年，邱永汉率台湾经贸考察团 46 人来合肥考察；1997 年台湾诗人钟鼎文到合肥开展学术交流；1999 年电视剧《包青天》剧组访问合肥；同年，合肥市主办了第六届海峡两岸城市发展研讨会。此后，两地经贸文化交流的频次和人数逐年增多，2004 年以来，合肥市先后接待了台湾华新丽华集团公司总裁焦佑伦一行 9 人、台湾《中国时报》采访团一行 31 人、台湾中小企业跨业交流协会一行 15 人、深圳台商协会一行 30 多人、台湾青年商会一行 73 人等规模较大的交流团组。两地的经贸交流大多以投资考察、项目洽谈为主，文化交流大多围绕包拯、刘铭传等历史文化话题展开。据不完全统计，2000 年至 2006 年，台胞台商到合肥开展经贸文化活动的重要组团共计 320 个、5890 人，来合肥旅游、探亲、扫墓的台胞达 12 万多人次；合肥市赴台湾进行经贸文化交流的考察团组有28个、268人次，另有837人次跨地区随团赴台交流。同时，每年合肥居民赴台探亲超过300人次。

旗帜鲜明地反对“台独”

1995年，合肥市区出现一家由台商开办的“蝶恋花夜总会”，其门店招牌下面缀有一行英文“FORMOSA NIGHT CLUM”，翻译成汉语即为“福摩萨夜总会”。“福摩萨”一词具有浓烈的殖民色彩，是明清时期荷兰、西班牙、日本等入侵者对台湾的称呼，抗日战争胜利后，中国政府已禁用“福摩萨”代称台湾。民盟合肥市委会副主委许有为偶然发现这一招牌后，深感“福摩萨”与“蝶恋花”风马牛不相及，以此作为招牌有损中华民族尊严，随即撰写了《福摩萨和恋日情结》一文在媒体上刊发，引起市有关部门的高度重视，很快“福摩萨”招牌被铲除。此事得到妥善处理后，许有为又通过台湾著名画家李登胜博士，转交给蒋介石次子蒋纬国先生一封信，信中表达了维护民族尊严和坚决反对“台独”的见解。同年10月28日，蒋纬国先生给许有为回了信，在复函写道：“台独必败，统一必成。此非特为民族大义所使然，实乃天缘、地缘、人缘所必然。身为炎黄子孙之中国人，岂有数典忘祖，自割土地独立于中国之外者，纬国之所以极力反台独者在此。”蒋纬国先生“台独必败，统一必成”的复函，被多家媒体进行了报道。

第 四 章

进入中国特色社会主义新时代的爱国统一战线

党的十八大以来，中国特色社会主义进入新时代。中共合肥市委坚持以习近平新时代中国特色社会主义思想为指导，加强党对统一战线工作的集中统一领导，全市统一战线深入学习贯彻习近平总书记关于加强和改进统一战线工作的重要思想，深学笃行《中国共产党统一战线工作条例》，高举爱国主义、社会主义旗帜，牢牢把握大团结大联合的主题，紧紧围绕全市中心工作和发展大局，积极促进政党关系、民族关系、宗教关系、阶层关系、海内外同胞关系和谐，在凝聚人心、凝聚共识上画出同心圆，在服务中心大局、助推合肥发展上作出新贡献，在加强自身建设、提升能力素质上取得新进展。全市统一战线呈现出团结、奋进、开拓、活跃的良好局面，党委统一领导、统战部门牵头协调、有关方面各负其责的大统战工作格局初步形成，为合肥谱写社会主义现代化建设新篇章、打造具有国际影响力的科创之都，作出了新的贡献。

第一节　新时代合肥统一战线的新作为

一、深学笃行《中国共产党统一战线工作条例（试行）》

2015 年 5 月 18 日，《中国共产党统一战线工作条例（试行）》（简称《条例》）正式颁布施行。这是中共党内第一部关于统战工作的法规，是统战工作制度化、规范化、科学化的重要标志，在统一战线工作历史上具有里程碑意义。围绕《条例》的学习贯彻，合肥市统一战线迅速掀起了学《条例》、讲《条例》、用《条例》的热潮。

深入系统学习

市委统一战线工作领导小组各成员单位领导带头学习，率先垂范，对《条例》内容努力做到了然于胸、熟知精通。为帮助全市领导干部和统战干部加深对《条例》的学习理解，2016年3月30日，邀请中央统战部原副秘书长张献生做客庐州讲坛第102讲，举办了题为《中央统战工作会议和〈条例〉对统战工作的新要求》的专题报告。市委统战部理论学习中心组成员和机关全体干部坚持原原本本学、深入细致学、对标对表学，深入领会精神实质，把握工作原则。市委统战部机关党委组织召开专题研讨会，解读《条例》重点，进行集中研讨，领导班子带头谈心得体会、谈学习感悟、谈贯彻思路，进一步增强了贯彻落实《条例》的思想自觉和行动自觉。全市统战系统各部门各单位坚持集中学习与个人自学相结合、通读文件与专题讨论相结合、组织党内学习与引导党外同志学习相结合，不断把《条例》学习活动引向深入。

多措并举宣传

通过广泛印发宣传手册，组织新闻媒体采访报道，深入宣传《条例》内容，宣传中共中央和省委、市委统战会议精神、统战工作政策，推动《条例》的学习宣传不断深入。2021年，市委统战部围绕学习宣传《条例》，组建宣讲队伍，深入全市宣讲17场，受众达7000多人次；在《合肥统一战线》杂志开辟“学条例·书记谈”专栏，坚持举办学《条例》有奖知识竞赛，组织统战干部与各界群众互动答题；同时，制作微视频10集，通过新媒体渠道广泛推送，努力在全社会营造“知条例、学条例、用条例”的良好氛围。

结合实际贯彻

制定出台《中共合肥市委贯彻〈中国共产党统一战线工作条例（试行）〉实施意见》，完善统战系统联席会议制度，设立统战工作开放日，把统战工作纳入各级党建目标责任考核，逐步形成了大统战工作格局和责任考核体系。进一步完善政府有关部门与民主党派、工商联对口联系机制，常态化做好与民主党派和无党派人士的协商、座谈、通报等工作。积极探索党外知识分子工作的新形式新载体，建立了党外知识分子联谊会、欧美同学会、网络界人士联谊会等工作平台。强化民族宗教工作，平等团结互助和谐的社会主义新型民族关系进一步巩固和发展，依法管理宗教事务的水平不断提高。大力加强非公有制经济领域统战工作，引导非公有制经济代表人士坚定对中国特色社会主义的信念。进一步深化港澳台海外统一战线工作。关心关爱党外干部成长，制定出台了关心关爱党外代表人士实施意见。

二、着力构建大统战的工作格局

加强党的领导

围绕构建党委统一领导、统战部门牵头协调、有关方面各负其责的大统战工作格局，中共合肥市委切实加强党对统一战线的集中统一领导，2015 年和 2021 年，相继制定了《中共合肥市委统一战线工作领导小组成员单位工作职责》《中共合肥市委统一战线工作领导小组关于加强和改进工作、更好发挥作用的实施意见》。市委主要领导与各成员单位负责人认真履行各自职责，发挥“四个带头”作用（带头学习宣传统一战线知识，带头贯彻落实统一战线政策，带头参加统一战线重要活动，带头广交深交党外朋友），定期召开市委统一战线工作领导小组会议，切实解决统战工作中存在的实际问题。坚持高位引领，强化制度建设，压实主体责任，确保统战工作的各项部署要求落实到位。2018 年，市委统一战线工作领导小组制定实施了《关于全市党的建设中统一战线工作责任清单》，把统战工作纳入各级党委（党组）党建工作考核内容，将统战工作具体职责细化为 7 项考核指标，真正实现统战工作与党建工作同部署、同检查、同考核、同奖惩。

调整充实力量

2015 年，中共合肥市委对 1995 年成立的市委统一战线工作领导小组进行调整，将领导小组组长由原来市委副书记担任，改为由市委书记担任；将领导小组成员单位由 9 个部门扩大到 17 个部门。2019 年全市进行机构改革，市民族事务委员会（市宗教事务局）并入市委统战部，市外事侨务办公室（市政府港澳事务办公室）的侨务管理职责划入市委统战部。经过机构改革，市委统战部机关核定行政编制42个、内设处室16个，部长由市委常委担任；各县（市、区）统战部核定编制共计85人，部长由同级党委常委担任。

构建统战网络

一是加强横向联系，健全沟通协作机制。市委统战部充分发挥牵头协调职能，主动与市委统一战线工作领导小组各成员单位、统战系统各部门之间，一对一进行沟通协调，建立横向协作关系，推动统战工作齐抓共管。二是构建三级网络，完善纵向联动机制。按照凡是统战工作涉及的领域都要有对应部门和人员抓落实的要求，市委统一战线工作领导小组充分发挥职能作用，检查指导各级各部门健全统战机构、明确责任主体，构建市、县区、街道（乡镇）三级工作网络。至2019年底，各县（市）区、开发区及市属国有企业、学校、医院均成立了由党委书记担任组长的党委统一战线工作领导小组；各乡镇、街道党委配齐了统战委员，村居、社区配备了统战工作联络员；在统战人士相对集中的非公经济组织、新的社会阶层、党外知识分子较多的单位和少数民族聚居村、宗教活动场所等重点领域，设立了基层统战联络站点，全市统一战线实现了一体贯通、上下联动。

三、提升基层统战工作规范化水平

职责清单规范化

市委统一战线工作领导小组层层压实工作责任，将“部门职责清单化、统战工作具体化”，在《关于全市党的建设中统一战线工作责任清单》中，明确规定了各县（市、区）委、开发区党工委和市直部门、企事业单位、人民团体、大中专院校党委（党组）履行统战工作的职责。市委统战部针对市委统一战线工作领导小组17家成员单位的职能定位，将各单位涉及统战工作的目标任务提炼出来，列出52项责任清单；针对市属高校、职业学校、科研院所、国有企业和医院等单位的工作特点，将各单位党委（党组）承担的统战工作职责进行具体化，列出4项任务清单；针对国有企业统战工作存在的薄弱环节和难点问题，专门走访调研，制定了《关于加强全市国有企业党的建设中统一战线工作的通知》，切实解决基层统战“空心化、边缘化”问题。

队伍培训规范化

一是加强党政干部培训。中共合肥市委党校（行政学院）坚持把党的统战政策、统战理论，纳入各批次主体班教学内容，每年培训党政干部600余人次，不断提高全市各级党政干部做统战工作的意识、抓统战工作的水平。二是加强统战干部培训。市委统战部通过编印《全市统战干部应知应会手册》《全市统一战线怎么干12条》等学习资料，举办统战委员专题培训班、基层统战干部能力提升研修班等培训活动，每年培训统战干部300余人次。三是加强党外干部培训。积极组织党外干部参加中共安徽省委党校、市委党校、省市社会主义学院和省市组织、统战部门举办的各类党外干部培训班，每年参训超过500人次。广大党外干部通过不断学习，不断补充新能量，不断提高自身能力水平。

基本保障规范化

党的十八大以来，市委统战部坚持不懈地推进基层统战工作基本保障规范化建设，逐步形成了符合基层实际的基本保障“五好六有”标准和目标管理考核办法。“五好”标准是指县（市、区）、乡镇（街道）统战工作组织机构好、制度落实好、职能发挥好、队伍建设好、创新发展好；“六有”标准是指乡镇（街道）等基层单位有统战工作专用办公室及电脑、打印机、档案柜等办公设备，有统战对象信息档案，有年度统战工作计划、总结和活动记录，有统战工作台账，有专项经费保障，有网络统战工作平台。截至2019

年底，全市基层统战工作基本保障规范化建设实现了全覆盖，141 个乡镇（街道）基本达到了“五好六有”标准。已经建成的各类基层统战联络站点的基本保障全面得到加强。

四、打造“政治坚定、业务精通、作风过硬”的统战队伍

开展“不忘初心、牢记使命”主题教育

2019 年，根据中共中央和省委、市委的统一部署，市委统战部把开展主题教育作为首要政治任务，严格将“学习教育、调查研究、检视问题、整改落实”贯彻始终，扎实有序地开展主题教育活动。一是切实加强组织领导。市委统战部成立了主题教育领导小组，精心制定实施方案，对统战系统领导班子的 20 项重点任务、党支部的 10 项重点工作，进行细化、具体化。二是坚持读原著、学原文、悟原理。组织统战系统全体党员特别是党员领导干部深入系统地学习《中国共产党章程》《习近平关于“不忘初心、牢记使命”重要论述选编》《习近平新时代中国特色社会主义思想学习纲要》等书目，开展警示教育和革命传统教育，并先后 6 次组织集中学习研讨。三是扎实开展“做好表率、走在前列”调研活动。市委统战部成立 6 个专题调研小组，由领导班子成员带队，先后深入 30 多家单位和企业调研，分析问题、研究对策。四是深入查找问题。坚持深刻自我检视与广泛征求意见相结合，召开对照党章党规找差距专题会议，并积极配合市委巡察组开展巡察工作。五是坚持边学边查边改。将自我查找的、群众反映的、巡察发现的所有问题，列出问题清单，逐条制定整改措施、逐项整改落实到位。在开展主题教育过程中，全市统战系统坚持把抓好主题教育同落实统战任务结合起来，做到“有事情可干、有经验可谈、有故事可讲、有亮点可看、有文章可写、有人物可树”，达到理论学习有收获、思想政治受洗礼、干事创业敢担当、为民服务解难题、清正廉洁作表率的目的。

开展“不忘合作初心，继续携手前进”学习教育

党的十九大以来，市委统战部广泛组织各民主党派、工商联和无党派代表人士，认真学习习近平新时代中国特色社会主义思想、中共中央关于加强改进统一战线工作的理论和政策，以“大团结大联合”为主题，深入开展“不忘合作初心，继续携手前进”学习教育活动，相继举办了“统一战线·心言心语·点赞合肥·歌颂祖国”征文、“同心人物”评选等一系列活动，在全市统一战线兴起“大学习、大宣讲、大培训、大调研、大落实”热潮。2021 年 4 月 30 日，市委统战部印发《不忘合作初心跟党走 继续携手前进开新局——致全市统一战线成员的一封信》，号召全市统一战线成员“同心同德跟党走”“同心同向担使命”“同心同行作奉献”，加强中共党史、多党合作发展史的学习教育，不断增进对中国共产党和中国特色社会主义的政治认同、思想认同、理论认同、情感认同；不断提高建言资政和凝聚共识水平，提升政治把握能力、参政议政能力、组织领导能力、合作共事能力及解决自身问题的能力；充分发挥自身优势和法宝作用，围绕中心服务大局，为合肥加快建设“五高地一示范”贡献力量、彰显作为。

加强统战系统党风廉政建设

全市统一战线始终把思想政治建设摆在首位，强化“四个意识”、坚定“四个自信”、做到“两个维护”。市委统战部坚持把落实党风廉政建设责任制与推进统一战线各项工作紧密结合起来，领导班子成员认真落实“一岗双责”，机关人员严格执行各项规章制度，切实把为民、务实、清廉的理念落实到统战工作实践中。认真开展廉政教育和专题警示教育，筑牢拒腐防变的思想道德防线。扎实开展“严规矩、强监督、转作风”的集中整治形式主义、官僚主义专项行动，制定实施《进一步加强机关作风建设的方案》，努力建设“团结、民主、温暖、守纪”的模范机关，真正把市委统战部打造成全市“党外人士之家”。各民主党派、工商联将建章立制、端正作风贯穿于

自身建设和履职尽责全过程，通过开展廉洁风险预警提示活动，加强廉政教育、警示教育，强化纪律意识、规矩意识，自觉接受监察和监督。

提升统战干部的担当作为能力

认真贯彻中共中央办公厅《关于进一步激励广大干部新时代新担当新作为的意见》，加强教育引导，营造敢于担当、干事有为的良好氛围。加强作风建设，教育引导统战干部在思想作风上突出“正”字，树立宗旨意识，坚定理想信念；在学习作风上突出“勤”字，勤于学习、勤于思考，不断提高综合工作能力；在工作作风上突出“实”字，坚持求真务实、开拓创新，强化统战部门职能意识，多干实事、干成实事；在生活作风上突出“廉”字，树牢廉洁从政意识，严守思想道德底线。加强“统一战线无小事”宣传教育，引导广大统战干部在与党外人士交朋友、做工作中，学会在多元中立主导、在多样中谋共识、在多变中把方向；学会求同存异、求同尊异、聚同化异，以耐心细致的工作来凝聚共识。制订实施市委统战部年度全员培训计划，从增强纪律意识、增强担当勇气、增强执行能力、增强实践创新能力、增强为民服务本领五个方面，对全市统战干部进行常态化的教育培训，努力打造一支本领过硬、素质过硬、作风过硬的统战干部队伍。

五、扎实推进新时代统战文化建设

推进统战文化建设是社会主义先进文化建设的重要组成部分。统战文化源于统一战线发展壮大的历史积淀，萃取统一战线的理论精华和实践智慧，既具有文化的一般属性，又体现统一战线特色。2020 年 5 月，中共合肥市委统一战线工作领导小组印发《关于加强全市统战文化建设的指导意见》。指导意见明确提出，新时代统战文化主要包括以团结合作、民主协商为鲜明特点的政党文化；以爱国进步、团结和睦为鲜明特点的民族文化；以护国利民、崇和向善为鲜明特点的宗教文化；以明礼守信、义利兼顾为鲜明特点的新的社会阶层信义文化；以同宗同源、念祖爱乡为鲜明特点的海内外同胞同根文化。明确要求各级各部门要把加强统战文化建设作为新时代统战工作的一项重要任务，纳入到文化建设的总体规划；要切实加强组织领导，统战部门履行牵头协调责任，各有关单位各负其责，共同推进统战文化建设；要深刻认识统战文化的时代内涵，充分发挥统战文化的方向引领、向心凝聚、激发活力、固本强基作用。

全面实施“五大基础工程”

市委统战部坚持“以政治为统领、以文化为纽带、以活动为载体”，把统战文化建设贯穿于新时代统战工作全过程，实施“五大基础工程”，构建长效运行机制，让统战文化“联人、联谊、联心”。一是政治引领工程。通过制定和落实政党协商、政府对口联系等协商制度、计划，指导和办好“合肥统战智库”“校地统战创新联盟”“同心论坛”“统战开放日”，持续开展“创新之都合肥论见——我为合肥创新发展献一策”活动，激发全市广大统一战线成员的情感共鸣，努力凝聚成思想政治共识。二是教育基地工程。出台了《合肥市统一战线教育基地认定办法》，打造13个市级统一战线教育基地，通过图片陈列、实物展示、影视播放、文字解说等多种形式，开展灵活多样的主题活动，不断创新载体、提升基地功能，使统一战线的宣传教育工作更加生动形象。三是文化品牌工程。精心打造“同心书籍”进阅读空间品牌，探索创建统战文化一条街、主题公园、“同心林”、“乡贤文化”和“书记统战工作示范点”等品牌，让统战文化可观可感、可忆可念。四是宣传阵地工程。充分发挥主流媒体联席会议制度、网络界人士联谊会作用，综合运用传统媒体与新媒体手段，通过制作短视频、“快闪”和编写《合肥统战纪事》出版物等形式，拓展宣传渠道，提升宣传质量。着力推动建设市统一战线历史陈列室或陈列馆。五是文艺精品工程。加强文艺界代表人士的统战工作，激发他们的创作热情，努力推出一批统战文化题材的小说、影视、戏剧、诗歌、书画和音乐等优秀文艺作品。以庆祝或纪念重大节日、重大活动为契机，举办全市统一战线“同心”文艺会演、“风雨同舟”成就展等统战文艺活动。

精心打造统战文化亮点品牌

2019 年 9 月，市委统战部开展“同心书籍”进阅读空间活动，全市 80 余家阅读空间积极响应。经过不断总结推广，在街头书店、社区书房、企业书吧、政府书廊等公共阅读空间，统战类书籍随处可见，“同心书籍”进阅读空间已成为全市统战文化建设的一大品牌。此外，市委统战部充分发挥基层统战部门作用，深入挖掘统战文化资源，激活统战文化“细胞”，打造了一批各具特色的基层统战文化建设亮点品牌。巢湖市统战与文旅部门对接，通过整合统战资源，在张治中故居、冯玉祥故居打造统战文旅项目。肥东县在陈大郢社区建设同心广场、统战长廊，在众兴乡打造 200 米长的“统战漫步道”，讲述统战故事、展现统战历程。肥西县在高店乡长镇回族社区打造“民族团结”和“同心同向”统战文化展示馆。长丰县在双峰湖社区建成统战文化基地和同心公园。2020 年 11 月，庐阳区举办“传承中华文化、共育家国情怀”统战文化建设年微党课活动，庐江县举办“共画同心圆、一起向未来”线上统战知识有奖竞赛，广受各界欢迎。

第二节　加强社会主义协商民主建设

一、社会主义协商民主建设健康发展

加强政党协商

2015 年，中共中央《关于加强社会主义协商民主建设的意见》《关于加强政党协商的实施意见》印发后，中共合肥市委认真抓好贯彻落实，坚持每年制订、落实年度政党协商计划，着力推进协商民主制度化、规范化。进一

步完善协商通报制度、联谊交友制度。全市重大决策、重要事项、重大人事安排在决策之前和决策实施之中，坚持通过协商会、座谈会、通报会等形式，通报情况、民主协商、听取意见。2021 年，中共合肥市委共组织开展协商、座谈、通报 12 次。市委主要领导每年春节期间坚持走访慰问民主党派、工商联和党外代表人士。进一步完善政府部门对口协商制度，2019 年全市机构改革完成后，及时修订下发了《合肥市政府有关部门与民主党派、工商联建立对口联系工作方案》。

加强政协协商民主建设

2015 年以来，中共合肥市委、市政协积极贯彻中共中央《关于加强人民政协协商民主建设的实施意见》，大力推进政协协商民主建设。加强会议协商，坚持和完善政协全体会议和主席会、常委会、专题会、双周学习座谈会等制度，在提升会议协商水平上下功夫。综合运用多种协商形式，积极开展对口协商、界别协商和提案办理协商，逐步形成多层次、常态化、配合联动的协商议政格局。广泛开展调查研究特别是专题调研活动，努力以调研促进协商质量提高，以协商促进调研成果转化。

拓展协商形式

中共合肥市委积极支持民主党派和工商联履行参政议政职能，引导他们围绕事关全市改革发展稳定的重大问题、事关群众切身利益的实际问题，开展考察调研、建言献策，逐步形成了“党委出题、统战部协调、党派工商联调研、政府采纳、部门落实”的调研协商模式。市委统战部围绕推进政党协商，积极探索创新形式，2016 年以来，通过举办“同心论坛”、开展“创新之都 · 合肥论见——我为合肥创新发展献一策”等活动，进一步加强与民主党派和工商联的交流协商、凝聚共识；将每年 4 月 30 日确定为“统战工作开放日”，邀请党外代表人士参加，通过开门纳谏、通报情况、考察调研、登门服务，进一步加强与党外代表人士的沟通协商。

二、夯实多党合作的共同思想政治基础

坚持思想政治引领

党的十八大以来，中共合肥市委认真贯彻落实中共中央关于加强中国特色社会主义参政党建设的一系列部署和要求，支持和引导全市各民主党派加强思想政治建设，把握新时代参政党的新方位、新使命。2019 年，中共合肥市委统战工作领导小组贯彻落实《中共中央关于加强党的政治建设的意见》，出台了《关于进一步强化党外代表人士政治引领的实施方案》。全市各民主党派、工商联和无党派人士坚持以中共合肥市委理论中心组学习为引领，不断健全政治理论学习机制，构建多层次理论学习体系，切实用习近平新时代中国特色社会主义思想武装头脑、指导实践，在思想上政治上行动上增强“四个意识”、坚定“四个自信”、做到“两个维护”。

凝聚思想政治共识

党的十八大以来，合肥市统一战线围绕庆祝改革开放 40 周年、中华人民共和国成立 70 周年、中国共产党成立 100 周年、中共中央发布“五一口号”70 周年、多党合作制度确立 70 周年等重大节点，广泛开展系列纪念活动和学习教育活动。2017 年至 2021 年，市委统战部持续推进“不忘合作初心，继续携手前进”主题教育活动，深入开展新中国史、中国共产党史、改革开放史、社会主义发展史、多党合作史的学习教育活动，通过组织专题学习研讨、现场参观教学和举办主题征文、文艺会演等多种形式，促进全市统一战线对中国共产党和中国特色社会主义道路的政治认同、思想认同、理论认同、情感认同达到了新的高度。2021 年，市委统战部围绕学习贯彻习近平总书记在党史学习教育动员大会上的重要讲话精神，先后组织 30 次党史理论学习、11 期“同心论坛”、4 次专题党史学习研讨、3 次主题活动和 3 次实地参观；围绕庆祝中国共产党成立 100 周年，召开专题座谈会，组织全市统战团体

成员开展“学党史忆统战”“重温红色回忆·践行初心使命”“新声献给党”“热议十九届六中全会”等系列庆祝活动和党史学习教育活动，3000多人次参加。

三、推动民主党派“三基建设”和党外干部队伍建设

民主党派“三基建设”

2015年8月，习近平在中央统战工作会议上发表重要讲话，强调要支持民主党派加强思想、组织、制度特别是领导班子建设，提高政治把握能力、参政议政能力、组织领导能力、合作共事能力、解决自身问题能力。中共合肥市委紧密结合实际，认真贯彻落实习近平的重要讲话精神，市委常委会专题研究加强各民主党派自身建设问题，通过了《关于重视和支持民主党派加强基层组织建设的意见》。市委统战部召开了民主党派“基层组织、基础工作、基本能力”建设座谈会，并报经市委同意，印发了《关于各民主党派加强“三基建设”的座谈会纪要》，推动各民主党派建立健全职能清晰、管理精细、权责明确、高效规范的工作运行机制。2019年，市委统战部出台《大力推进全市基层统战工作规范化　突出抓好“三基”建设实施细则》，确保统战工作层层有人管、事事有人抓。

着力改善民主党派和工商联工作条件，相继建成了合肥市民主党派综合办公楼和合肥市总商会大厦。2018年，根据市委统战部、市财政局的调研论证，市委统战工作小组增加了民主党派活动经费，加大支持保障力度。

2020年，围绕“思想建设常态化，政治引领好；组织建设规范化，基础巩固好；履职尽责效能化，作用发挥好；阵地建设特色化，活动开展好；社会服务品牌化，形象建设好”，市委统战部大力支持各民主党派实施“五化五好”建设，并建立《合肥市民主党派代表人士信息库》《合肥市民主党派骨干代表人士信息库》，指导民主党派市级组织建立领导班子民主生活会制度。2021年，建成了合肥市民主党派之家；在6个民主党派市委会设立内部

监督机构，支持各民主党派履行内部监督职责。

指导民主党派市级组织做好换届工作。2016 年、2021 年，全市各民主党派市级组织先后两次换届，市委统战部均成立民主党派市级组织换届工作领导小组，确保民主党派市级组织领导班子和领导机构顺利产生。2017 年至 2021 年，全市各民主党派基层组织健康发展，队伍结构不断优化，成员人数稳步增加。5 年中，全市民革发展党员 237 人，至 2021 年共有党员 898 人；民盟发展新盟员 230 人，共有盟员 1244 人；民建新增会员 273 人，共有会员 1204 人；民进新发展会员 147 人，会员总数 838 人；农工党新发展党员 210 人，共有党员 931 人；致公党新发展党员 80 人，共有党员 342 人；九三学社发展新社员 190 人，社员总数达 730 人。在市委统战部的支持指导下，合肥市工商联于 2017 年和 2022 年先后两次完成换届工作。

党外干部的培养、选拔、使用

中共合肥市委坚持重担当、重作为的用人导向，不断加大对党外代表人士培养、选拔、使用的工作力度。2015 年以来，在全市 7 个民主党派市委会中，有 1 名主委担任市人大常委会副主任、4 名主委担任市政协副主席、1 名主委担任合肥学院院长，有 6 名民主党派成员在政府部门中担任正职领导。加强党外干部的教育培养和实践历练，组织党外干部参加各级党校、行政学院、社会主义学院举办的各类培训班，选派民主党派干部到基层挂职锻炼。中共合肥市委统战部、市委组织部密切配合，探索建立党外干部履职考核体系，在安徽省率先出台《党外干部年度履职报告制度》，把考核结果作为党外干部选拔使用的重要依据。2019 年，实施《关于进一步加强合肥市党外干部培养选拔使用管理 2018—2021 年工作规划》。当年，党外干部共提交年度履职报告 593 份，根据他们的履职表现，综合运用民主评议、述职述廉、定期考核等方式，提拔 15 人进入副县级岗位、7 人进入正科级岗位。

四、支持民主党派履职尽责彰显风采

参政议政谱新篇

调查研究、建言献策，是民主党派参政议政的重要形式。2017 年至 2021 年 5 年间，全市各民主党派在中共合肥市委的领导和支持下，充分发挥人才荟萃、智力密集、联系广泛的优势，坚持问题导向，主动担当作为，建言议政成果丰硕，在助推合肥发展的社会实践中充分彰显了履职尽责的时代风采。

民革合肥市委会坚持“举全党之力抓参政议政”，聚焦“三农”发展、乡村振兴、文化强市、知识产权保护、涉台工作等领域，先后向省、市两级人大提交建议 74 件，向省、市两级政协各类协商会、座谈会提交稿件 72 篇、提案 328 件，同时，报送社情民意信息 1793 条。

民盟合肥市委会把参政议政作为第一要务，围绕长三角一体化发展、乡村振兴战略、高新技术成果转化、民营经济发展、精准脱贫、环巢湖综合治理、养老、教育、文化建设等民计民生问题，开展专题调研，形成调研报告 40 余份，向各级人大、政协提交议案、提案 262 件，报送社情民意信息 1000 余篇。

民建合肥市委会坚持做深做实调查研究，多渠道、多层次推进调研成果转化运用，制定、实施了《调研课题立项管理办法》，聚焦合肥都市圈一体化、县域经济、城区工业园转型升级、乡村振兴等课题，形成调研成果 134 篇，编发社情民意信息 793 篇，连续 5 年荣获民建全省参政议政工作先进集体、民建全省反映社情民意工作先进集体称号。

民进合肥市委会充分发挥界别优势，聚焦合肥打造“五高地一示范”目标，调查研究走深走实，完成高质量调研报告 133 篇，上报社情民意信息 400 余篇，向省、市政协提交提案 270 件，连续 5 年获评“市政协集体提案优秀单位”。

农工党合肥市委会凝聚智慧力量，共谋振兴发展，围绕全市中心工作和“十四五”规划重点任务，深入调查研究，5 年来提交提案 148 篇，形成建言献策成果 393 篇，许多意见建议被转化为推动工作创新发展的实际举措。

致公党合肥市委会通过建章立制推进参政议政，出台了《参政议政工作规则》等制度，围绕全市中心工作和群众关心关注问题深入调研，开展 52 项重点课题调研，完成 60 篇高质量调研报告，报送社情民意信息 615 篇，提交提案、议案和建议 259 件，先后被致公党中央、致公党安徽省委会评为参政议政先进单位。

九三学社合肥市委会坚持“参政参到要点上、议政议到关键处”，成立参政议政工作委员会，健全考核激励措施，围绕高质量发展、生态文明建设、基层治理、社会民生等主题，深入开展调查研究，形成调研报告 200 余篇，提交社情民意信息 954 篇，连续 5 年被九三学社安徽省委会评为“参政议政工作先进集体”。

民主监督有担当

民主党派的民主监督，是多党合作制度优势的重要体现。党的十八大以来，在中共合肥市委的积极支持、引导下，全市各民主党派聚焦改革发展和群众关切，有计划、有目标、有成效地开展民主监督，帮助各级党委和政府改进工作、推动工作。2017 年起，按照合肥市委统战部、市扶贫开发领导小组办公室《关于支持各民主党派市委开展脱贫攻坚民主监督工作的实施方案》，各民主党派采取对口联系、深度参与脱贫攻坚的民主监督，为合肥市打赢脱贫攻坚战作出了重要贡献。

民革合肥市委会对口庐江县 8 个乡镇 12 个村，坚持“寓监督于帮扶之中，寓帮扶于监督之中”，先后深入联系开展监督调研 12 次，走访贫困户 50 户，将脱贫攻坚工作中存在的问题和困难，进行认真梳理分析，提出意见建议 15 条、提交社情民意 10 篇。

民盟合肥市委会对口长丰县，专门抽调了 30 余名骨干成员组成脱贫攻坚民主监督工作小组，实地走访了14个乡镇45个贫困村170多户贫困户，开展专题调研，形成总结报告和意见建议十余篇。2021年，民盟中央、民盟安徽省委会分别召开脱贫攻坚总结表彰大会，民盟合肥市委会先后有20名盟员、4个基层组织分别受到表彰。

民建合肥市委会对口肥东县，坚持监督与帮扶相结合，聚焦产业扶贫进行调研，提出了一系列产业扶贫建议，并积极参与民建中央“聚光伏·稳脱贫”专项行动，先后荣获民建中央脱贫攻坚奖全国先进集体称号、民建安徽省脱贫攻坚民主监督工作先进集体一等奖。

民进合肥市委会对口肥西县，坚持每年深入对口联系村，采取责任到人、宣传联动、进村入户等具体举措，深入开展脱贫攻坚民主监督，先后获评“民进全国社会服务暨脱贫攻坚工作先进集体”“安徽民进社会服务暨脱贫攻坚工作先进集体”。

农工党合肥市委会对口巢湖市，聚焦“两不愁三保障”突出问题，务实开展脱贫攻坚民主监督，先后深入16个贫困村监督调研30余次，同时参加农工党中央监督调研2次、省委会监督调研2次，提交意见建议20多条，荣获农工党中央“农工党脱贫攻坚民主监督工作先进集体”称号。

致公党合肥市委会全面对接致公党安徽省委会对合肥市的民主监督，先后赴全市5县（市）进行监督调研，实地走访全市72个乡镇、逾1300户，发放调查问卷9000余份，提交调研报告33篇，同时积极推进电商帮扶、健康帮扶、文化教育帮扶等，开展定点帮扶活动36场次。

九三学社合肥市委会对口庐江县12个贫困村，专门成立了民主监督工作领导小组和工作小组，通过走村入户、座谈交流、问卷调研等方式，了解实际情况，并针对发现的问题提出意见建议20余条，其中13条被九三学社安徽省委会及省、市政协采用。

服务社会铸“同心”

做好社会服务是民主党派履行职能、树立形象的有效途径。2017年至

2021年，按照合肥市委统战部关于实施“同心示范工程”的总体要求，全市各民主党派发挥优势，汇聚资源，坚持同心同行，巩固传统项目，拓展新的领域，打造服务品牌，广泛开展形式多样的社会服务活动，奉献社会，彰显大爱。

民革合肥市委会发挥“祖统”品牌优势，组织台胞台商沟通交流、联谊参观，深入台资企业调研走访，举办台海形势报告会，连续3年协办“海峡两岸大学生包装设计WORKSHOP”活动，不断增进两地民众“一个中国”的认同。精心打造“博爱·牵手”品牌，深入社区、乡村和企业开展法律服务、送医送教、关爱老兵、扶贫帮困等公益活动70余场，捐款捐物总价值近70万元。2017年，与包河区方兴社区结对共建“中山法律专家工作站”和“博爱社会服务工作站”。积极投身抗击新冠肺炎疫情和抗洪救灾，累计捐款捐物达180万余元。民革合肥市委会荣获民革中央“社会服务先进集体”称号。

民盟合肥市委会社会公益活动彰显爱心，开展的“黄丝带帮教行动”荣获民盟安徽省委会“黄丝带帮教行动先进集体”称号。依托“政协委员进社区”活动设立“民盟爱心角”。打造“美美与共社会服务站”“童萌教育服务站”“四六空间教育工作站”“农村教育烛光行动”等基层品牌，受到社会广泛好评。助力疫情防控和防汛救灾，提交疫情防控、复工复产相关意见建议28篇，组织盟员以下沉社区、线上教学、提供科技服务、创作文艺作品等形式，积极参与疫情防控，9人被评为全市统一战线抗击疫情“同心同行人物”。

民建合肥市委会发挥自身优势，集聚全会资源，在合肥市4个主城区创设民建“同心社区服务站”，开展各类特色社会服务活动。持续开展民建“英才招聘校园行”活动，每年组织会员企业走进合肥学院举办专场招聘会，5年累计提供就业岗位1万多个。持续开展“百名企业家走出去”活动，助推县区经济社会发展。科学参与疫情防控，捐款捐物近300万元，助力打赢疫情防控阻击战。捐赠近百万元爱心资金和防汛物资，组织会员200余名投身抗洪一线，助力打赢防汛救灾保卫战。民建合肥市委会连续5年荣获民建全省社会服务先进集体称号。

民进合肥市委会认真实施“同心示范工程”，连续5年向肥东县陆还村捐助教育帮扶资金，开展健康义诊活动，先后资助贫困家庭10户。赴贵州大田乡开展“同心·彩虹行动”结对帮扶送教活动。连续多年开展“爱心彩虹·牵手未来”帮助贫困生行动和捐书送教活动等，打造了一批持久的社会服务品牌。5年来，各基层组织和会员开展了116次各具特色的社会服务活动，广泛惠及百姓。新冠疫情期间，捐款捐物近22万元助力疫情防控。

农工党合肥市委会社会服务拓展领域，彰显担当，组织开展“智慧医疗进农村”“全科医生社区培训”“环境与健康宣传周”等活动，得到社会各界赞誉。积极参与疫情防控，捐款捐物80余万元，撰写社情30余篇，农工党员67人投身到防控一线，3人逆行支援武汉。2020年防汛抗洪期间，农工党员踊跃参加防汛抢险志愿服务队，帮扶救助受灾群众。

致公党合肥市委会充分发挥省会城市“侨”“海”特色优势，创新打造对外联络新品牌。承办“2021江淮海归高峰对接会”，协助政府做好引资引智工作；成立“海归驿站”，为海外留学归国人员搭建与政府沟通交流的桥梁和一站式服务平台。创新参与“同心示范工程”，将优质教育资源引入革命老区，使金寨县同心小学正式成为合肥市南门小学分校区。积极投身疫情防控和抗洪救灾，累计捐款捐物达123万余元。

九三学社合肥市委会社会服务主打“讲科普”品牌，组织社员专家赴64所农村中小学讲科普，在社区开展70多场科普讲座，助推社省委会“讲科普”基地落户滨湖世纪社区。多次赴对口联系的庐江县贫困村、“同心工程”示范点肥东县陆还村等开展捐资助学、义诊、慰问、消费扶贫等活动。持续开展“关爱城市美容师”活动，2020年获“关爱环卫工人爱心单位”表彰。积极投身抗疫和抗洪工作，累计捐款捐物100余万元。

第三节 做好党外知识分子和新的社会阶层人士统战工作

一、党外知识分子统战工作的创新拓展

发挥党外知识分子联谊会作用

2013 年 4 月 26 日，合肥市党外知识分子联谊会（简称市知联会）成立。这是一个由党外知识分子代表人士自愿组成的，具有统战性、联谊性、非营利性的地方社会团体组织，其宗旨是学习教育、培养人才、建言献策、服务社会、联谊交友。截至 2019 年底，全市各县（市）区、合肥学院及驻肥院校共成立知联会组织 15 个。市委统一战线工作领导小组切实加强对知联会组织的领导，不断完善工作机制，在对县（市）、区和相关单位统战工作年度目标考核中，将党外知识分子、新的社会阶层人士统战工作和知联会组织活动情况，纳入党建工作年度考核内容。全市各级知联会组织充分利用广大会员知识层次高、行业分布广的特点，组织他们围绕中心工作、开展考察调研，积极献计献策，努力当好党委和政府科学决策、民主决策的“智囊团”。市委统战部始终坚持充分尊重、团结引导、热情服务党外知识分子，注重选树典型，强化正向激励，2020 年，联合市知联会在全市范围开展党外知识分子“双建双树”（建言献策、建功立业，树立远大理想、树立良好形象）先进个人推荐活动，共有 18 名优秀党外知识分子获此殊荣。

加强留学人员统战工作

经中共合肥市委统战部批准，2017 年 3 月 23 日，合肥市欧美同学会

（合肥市留学人员联谊会）成立。该会自成立以来，始终坚持高举爱国主义、社会主义旗帜，传承“留学报国”光荣传统，广泛团结海内外留学人员，为合肥发展牵线搭桥、献计出力，发挥人才库、智囊团和生力军的作用。始终坚持围绕中心、建言献策，围绕合肥经济社会文化发展和民生热点问题，相继组织会员开展各类调研活动50余次，提交议案、提案近40篇。始终坚持打造品牌活动，助力“双招双引”，为有志报国的创业者提供交流平台、为合肥经济发展招才引智，至2021年底，共举办和参加各类创业大赛、人才招引等活动50余场。先后与中科大、合工大等高校合作举办“养人之地·合肥欢迎您”海外知名高校留学人才云上见面会4场；组织“留美青年神州行之走进合肥市”活动，增进了海归学子对合肥市的了解。2020年起，连续两年举办“创响中国”安徽省创新创业大赛、欧美同学会总会“双创”大赛合肥专场推介会，荣获“优秀组织奖”，推荐参会的企业和项目均取得较好成绩。积极支持长三角海创中心建设，主动为海创中心提供人才信息和项目信息，推动合肥市中法创业中心落地。

市委统战部坚持“广泛团结、热情服务、积极引导、发挥作用”的工作方针，为留学人员在合肥创新创业积极做好联系、服务工作，推动建成了合肥市留学人员创业园、合肥经济技术开发区留学人员创业园、合肥国家大学科技园留学人员创业园、中国科协“海智计划”合肥基地等一批创业平台。

共建合肥“校地统战创新联盟”平台

合肥作为省会城市，又是全国重要科教基地和综合性国家科学中心之一，拥有国内知名高校和大批高层次人才。在这些高层次人才中，党外知识分子占有相当大比重，他们之中民主党派成员较多，参政议政的层次较高。2019年7月31日，合肥市委统战部联合中国科技大学、合肥工业大学、安徽大学、安徽农业大学、合肥学院等高校，正式成立“校地统战创新联盟”，为高校和地方合作开展党外知识分子统战工作搭建了一个新的平台。“校地统战创新联盟”着重在深化统战理论研究、创新党外人才培养模式、推动产学研一体化发展、优化大学生创新创业生态系统等方面加强合作，促进资源共享。“校地统战创新联盟”还通过建立联席会议制度，创办“创新之都·合肥论见”平台，不断健全协商合作机制，为推进合肥综合性国家科学中心建设提供统战支持。

二、新的社会阶层人士统战工作的探索实践

健全工作机制

新的社会阶层人士主要包括民营企业和外商投资企业管理技术人员、中介组织和社会组织从业人员、自由职业人员、新媒体从业人员等。为切实做好新的社会阶层人士统战工作，发挥他们在中国特色社会主义事业中的重要作用，中共合肥市委统一战线工作领导小组坚持“信任尊重、团结引导、组织起来、发挥作用”的工作方针，确立了“认识高起来、组织建起来、活动搞起来、人才用起来、品牌树起来”的总体思路，积极探索新路，建立健全机制。2017 年以来，先后出台了《关于加强社会组织统一战线工作的意见》《关于加强新的社会阶层人士统战工作的实施方案》《2019—2020 年合肥市新的社会阶层人士统战工作要点》《合肥市新的社会阶层人士动态管理暨综合评价实施办法》《合肥市新的社会阶层人士统战工作联络站管理办法》等制度。推行市和县（市）区二级分级管理，开展常态化管理、服务，促进新的社会阶层人士统战工作落实到位。市委统战部充分发挥职能作用，加强协调配合，在机关内部增设了新的社会阶层人士工作处，与全市 14 个党政部门、群众团体、社会组织一起，建立了新的社会阶层人士统战工作联席会议制度，定期沟通交流情况、研究部署工作、协调解决问题。

加强政治引领

一是开展多种形式的教育培训。为加强思想引领、凝聚政治共识，2017

年至2019年，市委统战部通过委托安徽大学举办统战理论知识培训班、推荐参加省委统战部培训活动、组织赴延安和河北正定县开展革命传统教育和“不忘初心、牢记使命”主题教育，累计培训新的社会阶层人士代表150人次。各县（市）区通过举办培训班、论坛、报告会，累计培训新的社会阶层人士1000多人次。二是注重做好选拔推荐和政治安排。2017年起，市和县（市）区两级统战部门对新的社会阶层人士的构成情况、分布特点，进行全面调研、摸底登记、分类建档、动态管理。坚持政治坚定、业绩突出、群众认可的标准，注重发现和选拔新的社会阶层中的代表人士和青年人才，建立了600多名代表人士信息库、近100名重点人物信息库。统筹做好新的社会阶层人士的推荐使用工作，至2019年，经过统战部门的积极努力，先后有27人担任各级人大代表、36人担任各级政协委员，20多人被推荐为合肥市青年委员和安徽省妇联妇女代表，6人被评为安徽省、合肥市优秀社会主义事业建设者，82人担任社会团体、群团组织的领导职务。

创新平台载体

坚持理念创新，分类分众施策，探索运用社会化、网络化的方法，建机制、搭平台，推动新的社会阶层人士统战工作向纵深发展。一是打造实践创新基地品牌。2017年以来，先后在新的社会阶层人士相对集中的工业园区、开发区建立3个市级实践创新基地，2021年，新增肥东、肥西、蜀山、包河等9处市级基地，已实现市级以上实践创新基地全覆盖。2019年，合肥高新区的“中国声谷”被中央统战部认定为新的社会阶层人士统战工作重点项目，庐阳区赤阑桥社区的“老城新派”、四里河街道的“凤栖庐阳 · e网之光”被确定为安徽省新的社会阶层人士统战工作实践创新基地，2021年，市委统战部又成功创建了“新瓜盟”“云@海”2家省级实践创新基地。二是推进统战工作联络站建设。为切实加强社会组织、中介组织从业人员统战工作，2016年以来，市委统战部先后在合肥市注册税务师协会、会计师协会、律师协会、房地产业协会建立了统战工作联络站；同时，大力推进城区统战工作联络站创新特色品牌，通过组织学习观摩、及时总结经验，不断完善联络站的管理和运行机制。至2019年，全市共建成新的社会阶层人士统战工作联络站21个。三是建立联谊组织。在市委统战部高度重视和支持指导下，2017年，合肥市网络界人士联谊会成立，2020年，合肥市新的社会阶层人士联谊会成立。市委统战部充分发挥联谊会组织的桥梁纽带作用，广泛团结和支持引导新阶层和网络界人士创新创业、服务社会，发挥影响力、弘扬正能量。2020年以来，先后编印《合肥市新的社会阶层人士统战工作基本知识手册》《全市网络统战工作怎么干（11条）》，制定《合肥市网络人士自律公约》，修订《合肥市新的社会阶层暨网络人士统战工作联席会议制度》，开展全市网络界人士十大“创星人物”评选活动。

开展特色实践

积极支持和引导新的社会阶层人士发挥各自优势，开展形式多样、各具特色的实践活动。庐阳区发动373名新的社会阶层人士注册“社会扶贫”APP，通过捐赠方式建立扶贫助学基金；组织辖区23家律师事务所共同打造了“法管家”工作室，通过开展法律知识讲座为辖区企业和群众提供普法服务。蜀山区、经济开发区实施电商园“孵化器”工程，助力小微电商发展。包河区开展“头雁工程”主题活动，促进创新创业。瑶海区开展“海归之家”“科创之友”“红专之角”主题活动，展示高校毕业生科创成果和特色科创产品。高新区发挥“中国声谷”智能技术优势，为政务、外贸、教育及民生领域赋能赋智。新站开发区组织新的社会阶层人士开展“薪火助学”“一米阳光助残”等社会公益活动。合肥市慈善总会对31个重点慈善项目开展捐赠活动。2016年至2019年，市委统战部先后邀请新的社会阶层人士召开各类情况通报会、座谈会、协商会30多次，收集意见建议50余条，充分发挥他们在建言献策、参政议政方面的重要作用。

第四节　着力促进民营企业健康发展和民营企业家健康成长

一、促进民营经济持续健康发展

营造良好环境

党的十八大以来，中共合肥市委、市政府认真贯彻中共中央关于“两个健康”的决策部署（即促进非公有制经济健康发展、促进非公有制经济人士健康成长），不断完善相关政策，毫不动摇地鼓励、支持、引导民营经济发展。在保护民营企业合法权益、消除不合理规定和隐性壁垒、鼓励民营经济依法参与国有企业改革、扶持小微企业发展、提升民营企业创新能力、解决民营企业融资难融资贵等方面，先后出台了一系列政策举措，为民营经济持续健康发展护航铺路。围绕国家实施“十三五”规划、推进供给侧结构性改革、“一带一路”建设、长三角一体化发展等重大部署，积极鼓励和引导民营企业主动适应经济新常态，把握和用好重大机调，加快动能转换和升级换代，促进了全市民营企业持续健康发展。在安徽省民营经济考核中，合肥市蝉联第一名。为推深做实新时代民营经济统战工作，2021 年，市委统战部制定《合肥市关于贯彻〈安徽省关于加强新时代民营经济统战工作的实施方案〉的实施意见》，建立民营经济统战工作联席会议制度。

搭建互动平台

一是创立“工商联直通车”，促进政企互动。2014 年 3 月，中共合肥市委、市政府办公室联合印发了《关于建立“工商联直通车”工作机制的通知》。通过直通车平台，一方面引导非公有制经济人士自觉践行亲清的新型政商关系，把守法诚信作为安身立命之本，加强自我学习、自我教育、自我提升。另一方面为民营企业与各级党委、政府及相关部门之间直接联系沟通，搭建无障碍快捷通道。2019 年，市工商联先后报送了 9 份“工商联直通车”资料，不仅为中共合肥市委、市政府研究制定促进民营经济发展的相关政策提供了参考依据，还帮助一批民营企业及时解决了发展中的难题。二是创办“合肥市工商联企业家周日沙龙”，促进企业家之间互动。市工商联精心设置活动主题，定期开展活动，每次邀请 20 家左右会员企业参加，努力把“周日沙龙”打造成企业家分享成功经验、解决疑难问题的智慧课堂，以及资源共享、创造商机、谋求合作的金桥银带。

加强联系服务

为引导民营企业家开阔视野、开拓市场，把准投资和发展方向，合肥市政府和统一战线各部门坚持常态化举办各类形势分析会、座谈会和政策宣讲会。2014 年以来，市政府与安徽省经济研究院、中国民营经济国际合作商会共同主办的中国企业“走出去”发展论坛，拓展了合肥市民营企业走出去发展的思路。市工商联经过深入调研撰写了《合肥市民营企业“走出去”情况报告》，并组织部分商会和民营企业赴中东和新西兰、澳大利亚等地考察学习、洽谈合作。

为解决政策落实的“最后一公里”问题，市工商联建立健全走访调研机制，把全体常执委划分为 37 个小组，持续开展兼职副主席（副会长）联系常执委活动，针对非公有制经济发展中存在的困难和问题，深入调研分析，提出对策建议，同时帮助民营企业反映诉求、宣传推介。市工商联连续多年荣获全市统战系统调研工作优秀组织奖。

为有针对性地做好服务，2014 年以来，全市统战系统各部门先后举办公检法机关领导与非公经济代表人士座谈会、优秀律师支持民营企业创新发展座谈会等，帮助民营企业维护合法权益；连续 5 年举办大型招聘会 4 场、小型招聘会百场，帮助民营企业缓解用工难问题。2017 年，市工商联牵头组建合肥市民营企业科技创新联盟，建立科技部门、科研机构、科技企业“三位一体”的合作模式，促进民营企业创新转型升级。认真落实安徽省“四送一服”双千工程实施方案，向工商联会员企业“送政策、送信心、送信息、送关心、送金融服务”，帮助解决企业发展过程中的难事、愁事、麻烦事。2021 年，市委统战部、市工商联等部门在全市“四送一服”专项行动月中，先后走访工商联会员企业 118 家，市商调委全年调处矛盾纠纷 703 件，调解成功 352 件，调解成功率达 50.07%。

为推动统战工作向商会组织的有效覆盖，市委统战部不断健全统战工作联络员制度。至 2021 年，市工商联 77 家直属商会全部设立了统战工作联络员。同时，积极推动商会改革，成立了商协会党委，推进商会党建工作；支持、指导合肥市青年商会完成换届工作；组织全市“十佳商协会”评选活动。

推进银企对接

为切实解决民营企业融资难问题，合肥市统战系统各部门积极为民营经济护航铺路。市政协充分发挥工商联界别委员的优势，先后联系协调合肥市 3 家国有担保公司为 36 户重点帮扶企业提供担保，落实贷款 28 户，发放贷款 2.57 亿元。市委统战部、市工商联积极推动金融机构与民营企业合作，牵头组织民生银行、兴业银行、招商银行、安徽省皖投小额贷款股份有限公司、安徽正奇融资租赁公司等金融机构，与中小微企业建立合作伙伴关系，仅 2018 年就向各金融机构推荐优质小微企业 1150 户，落实贷款 42.7 亿元；市青年商会与徽商银行合肥分行举办专场银企对接会；合肥高新创业管理园有限公司开展中小企业投融资项目路演活动，帮助会员企业获得天使投资资金和申报各类扶持基金；2019 年，市青年商会与徽商银行合肥分行成功举办专场银企对接会，为民营企业和小微企业发展保驾护航。同时，积极推动民营企业登陆资本市场直接融资，先后推荐 39 家中小企业在安徽省股权托管交易中心“专精特新板”成功挂牌。

二、促进非公有制经济人士健康成长

开展非公有制经济人士理想信念的教育实践活动

2013 年起，合肥市委统战部、市工商联分期分批组织全市民营企业家和商（协）会代表，以“民营企业家与中国梦”为主题，开展非公有制经济人士理想信念的教育实践活动；2016 年，以“守法诚信、坚定信心”为重点，推进教育实践活动不断深化。在教育实践活动中，坚持把理论学习与实践教育结合起来，组织广大非公有制经济代表人士系统学习《习近平谈治国理政》《习近平关于党风廉政建设和反腐败斗争论述摘编》等读本，收看《作风建设永远在路上》等专题影像片；利用合肥市直“机关大讲堂”开展讲党课活动；围绕“严以修身、严以用权、严以律己”三个专题，组织学习研讨活动；先后组织赴革命圣地西柏坡、江西革命老区、凤阳小岗村、定远藕塘镇烈士陵园、庐阳区检察院廉洁警示教育基地，开展革命传统教育和廉政教育，赴晋商故地学习考察经商之道。坚持以身边事影响身边人，开展先进典型选树和宣传活动，中共合肥市委、市政府对全市荣获第一至六届“优秀中国特色社会主义事业建设者”的非公有制经济人士进行了表彰。2019 年，市委统战部、市工商联会同合肥电视台举办第六届“优秀中国特色社会主义建设者”创新创业事迹报告会，市四大班子主要领导与会聆听，全市各行业协会、商会组织开展了民营企业家谈创新创业故事活动。通过开展形式多样的教育实践活动，广大非公有制经济人士进一步增强了对中国特色社会主义的信念、对党和政府的信任、对企业发展的信心、对社会的信誉。

引导民营企业家提升能力水平

市工商联积极组织会员企业中的中高层管理人员参加北大・中欧 EMBA 高级经济管理人才培训班、省工商联与省职业经理人协会举办的“安徽经理人学堂”、合肥市科学家企业家讲坛等。2017 年以来，围绕民营企业转变发展方式，探索“培训+”企业家研修模式，先后组织民营企业家500余人次，参加清华大学、中山大学、四川大学、重庆大学、哈尔滨工业大学等高校研修班学习。2019年，全市开办了“专精特新”“隐形冠军”等民营企业培训班，为小微企业提供超过1万小时以上线上培训课程，并组织部分企业家赴美国、日本、德国、以色列企业进行培训；组织小微企业和创客团队参加2019年“创客中国”创新创业大赛，有3个项目分别获企业组和创客组一等奖。

加强对“创二代”的教育引导

针对越来越多的民营企业面临第二代接班人的选拔、培养等新问题，市工商联定期开展“创二代”企业家座谈会，增强“创二代”传承事业、创新创业的信心；主动与厦门大学联系，分批组织合肥“创二代”学员参加该校企业家高级研修班学习；积极鼓励和引导“创二代”参与光彩事业、同心工程等公益活动；注重吸收优秀的“创二代”加入工商联会员组织，2014年市工商联届中调整第十三届执委、常委，在新增补的54名常委中，35岁以下的年轻企业家占34%。全国工商联对合肥市探索“创二代”引导培育机制的创新做法予以肯定，《中华工商时报》对此进行了充分宣传。

三、谱写合肥市光彩事业新篇章

合肥光彩事业概况

合肥市光彩事业促进会自2009年成立以来，广泛团结、引导全体会员和非公有制经济人士，以消除贫困为宗旨，以义利兼顾为核心理念，以共同发展为基本目标，以项目投资为主要形式，在全市实施脱贫攻坚、建设美好乡村、构建和谐社会和加快经济社会发展等重大战略过程中，开展了形式多样、内容丰富的光彩活动。2014年，市光彩事业促进会荣获“安徽省光彩事业组织奖”，3个会员单位荣获“安徽省光彩事业突出贡献奖”，8名个人荣获

"安徽省光彩事业奖章"。据不完全统计，截至2017年，参与光彩事业的民营企业家达1.2万多人、落实光彩事业项目336个、到位资金96.45亿元，帮助近2.2万贫困人口解决了温饱问题，组织培训和安置就业达25万人次，向光彩事业、公益事业、赈灾捐款达12.2亿元。

活动品牌各具特色

光彩事业始终与党和政府的发展战略紧密相连，始终与经济社会发展紧密相关。市光彩事业促进会始终坚持围绕中心、服务大局，以服务凝聚光彩力量，引导各会员单位积极配合党委和政府中心工作，广泛参与同心工程。通过开展扶贫济困、社会公益、爱心捐助、"百企帮百村"等一系列活动，形成了一批各具特色的活动品牌，如肥东县、长丰县的"捐资助学"，巢湖市的赈灾捐款、瑶海区的"幸福瑶海公益慈善基金会"、庐阳区的"慈善联盟"、蜀山区和经开区的"回报社会感恩行动"、包河区的"众筹美粮传递爱心"及合巢经开区的"构建和谐半汤"等。

公益行动亮点纷呈

2012年以来，市光彩事业促进会把引导民营企业和民营企业家积极担当尽责、参与公益活动、感恩回报社会作为工作重点，以安徽省"新徽商回报社会感恩行动"为契机，在全市广泛组织了多种形式的公益活动、慈善活动，收到良好的社会效应。如在"三老"结对帮扶活动中，各县（市）区组织动员民营企业和企业家，与社区和农村的老革命、老党员、老模范开展结对帮扶；在"统筹城乡、百企联村、特色富民"活动中，全市60家非公有制企业和商协会积极投入其中，到位资金共计94万元；在开展"贫困白内障患者复明工程"和助学支教活动中，市工商联通过发动非公有制经济人士资助资金，让104例贫困白内障患者得到了有效救助，为180余名贫困学生募集助学资金近800万元。这些爱心行动和大善之举，不仅扩大了光彩事业的社会影响，而且为践行社会主义核心价值观发挥了良好的示范带头作用。

光彩事业健康发展

在市委统战部牵头协调、工商联支持推动下，市光彩事业促进会通过加强自身建设，不断推动事业发展。一是注重建章立制，加强规范管理，相继制定了资金捐助管理办法、资金使用监督办法、项目落实督察办法等各项制度，确保资金效用最大化。二是建立政策、资金、信息、宣传、荣誉等社会支持系统，推进光彩事业各项工作科学合理、规范有序、运转高效。三是坚持解放思想、创新理念，大力加强各县（市）区光彩事业分会建设，大力开展新形势下城市光彩事业的理论和实践探索，按照取之于企业、回馈于社会的新理念，不断拓展光彩事业新空间。四是把握正确发展方向，把光彩事业作为团结和凝聚非公有制经济人士的重要载体、作为教育和培养非公有制经济人士的重要阵地，引导他们把个人梦、企业梦融入中国梦，把增强理想信念体现到先富带后富、共同富裕的实践中，努力为中国特色社会主义建设作出应有贡献。

第五节　加强和改进新时代民族宗教工作

一、开创民族团结进步、共同繁荣发展新局面

合肥市是安徽省民族工作重点城市之一。到 2019 年底，全市总人口 818.9 万、户籍人口 770.44 万，其中少数民族人口 11.04 万、占全市总人口的 1.35%，少数民族户籍人口 7.04 万、占全市户籍人口的 0.91%。因城市的快速发展和人口的不断流动，全市少数民族成分已增加到 52 个。

高度重视民族工作

党的十八大以来，中共合肥市委、市政府围绕“中华民族一家亲，同心

共筑中国梦”，采取切实措施，认真贯彻落实党的民族政策。先后制定实施了《合肥市“十三五”期间促进少数民族和民族聚居地区加快发展规划》《关于加强和改进新形势下民族工作的实施意见》及少数民族人员报考公务员实行加分制度等一系列扶持政策。市委统一战线工作领导小组充分发挥议事协调职能，研究制定了《合肥市民族宗教工作领导小组议事规则》，指导各县（市）区设立民族工作专门机构、配强工作人员，做实各项工作，确保民族工作的稳定性、连续性。合肥市和9个县（市）区、4个开发区均成立民族宗教工作领导小组，制定了责任清单。市委统战部坚持强服务与办实事相结合，每年召开专题会议，贯彻落实中共中央和省委、市委各项决策部署，协调解决民族工作中的实际问题，推进民族工作整体水平不断提升。2015年以来，先后发放清真餐饮企业房租补贴500多万元，解决少数民族及来肥穆斯林宾客“入口”问题；支持合肥清真寺维修改造，印发《合肥市回民公墓管理规定》，投入1000多万元改造提升南岗回民公墓，解决少数民族群众“入寺”“入土”问题。

营造民族团结进步的良好氛围

常态化开展民族团结进步宣传教育。在中共合肥市委党校（行政学院）各级干部培训中开设马克思主义民族观和党的民族政策课程，在全市中小学开设民族政策、民族知识课程。每年9月，组织全市党政机关、企事业单位和相关媒体，集中开展“民族团结进步宣传月”活动。利用重要庆典时机开展宣传，先后结合学习贯彻党的十九大精神、庆祝改革开放40周年、庆祝新中国成立70周年等，通过组织文艺展演、法律援助、爱心捐赠等形式多样的活动，增强广大群众对民族知识、民族政策的知晓度。

全方位开展民族团结进步创建活动。发挥“主阵地、主渠道”作用，以“六进”活动为抓手，扎实推进创建活动“进机关、进企业、进社区、进乡镇、进学校、进寺庙”。在开展创建活动中，全市涌现出一大批民族团结进步模范单位和模范个人。市民族宗教事务局、合肥第三十五中学、庐阳区、庐阳区荷塘社区、九狮桥社区、蜀山区笔架山街道6家单位，被国家民委命名为“全国民族团结进步模范单位”；庐阳区民族宗教局局长王勤、合肥三十五中学校长顾晓惠荣获“全国民族团结进步模范个人”称号；瑶海区、包河区等多家单位荣获“安徽省民族团结进步示范单位”称号。2019年，市民族宗教事务局和瑶海区金大塘社区荣获“全国民族团结进步模范集体”称号，受到国务院表彰。2021年，瑶海区被命名为“全国民族团结进步示范区”。

推进民族地区经济发展

市委统战部和市直相关部门坚持管好用好少数民族发展资金，制定并不断修订完善《合肥市少数民族发展资金管理办法》，印发“管理办法实施细则”，与各县（市）区签订了《少数民族发展资金项目监督管理责任书》。严格资金项目管理，建立了少数民族发展资金项目库、项目评审专家库。2016年至2019年，合肥市共投入少数民族扶植发展资金、生产补助资金1.63亿元，实施帮扶项目229个，落实中央和省少数民族资金1055万元、完成帮扶项目58个。对于国家和省下达的扶植少数民族发展资金、生产补助资金，全部配套落实到位。

引导民族乡村发展特色农业。市、县（区）相关部门充分利用各种奖补政策，指导民族乡村调整农业产业结构，发展高效农业、生态农业和观光农业，形成“一村一品”发展格局。肥东县牌坊回族满族乡民族村精心打造杭椒、西红柿、黄瓜等无公害蔬菜特色品牌，被农业部授予全国“一村一品”示范村称号，被国家民委命名为“中国少数民族特色村寨”，成为国家3A级旅游景区。肥西县官亭回族社区建成万亩林业和园林苗木观赏及研发基地，被农业部确定为全国“美丽乡村”创建试点乡村。积极培育专业合作社，肥东县店埠镇民族村成立了永江优质水稻种植专业合作社、日升养牛专业合作社、真诚蔬菜种植专业合作社等，全市民族乡村以种养业为主的专业合作社健康发展。至2019年，合肥市民族村的居民人均可支配年收入达到25000

元，连续9年超出全市人均水平；全市14个民族村（居）中，有5个民族村（社区）被纳入省级美好乡村中心村建设。

扶植少数民族企业发展。市直相关部门先后出台了《扶持清真餐饮企业暂行办法》《合肥市民族特需商品生产贷款贴息管理实施细则》等。肥东县相关部门提供优惠政策和支持服务，帮助企业解决招工难等问题；引导企业做好少数民族农民工的培训、招收工作，先后安置了民族乡村职工220人，占公司员工总数30%以上。至2019年，全市具有一定规模的少数民族企业43家，涵盖了第一、二、三产业门类，初步形成少数民族企业多业并举的新格局。2021年，合肥市在全省带头兑现民族特需商品生产贷款贴息政策，受到省民委的充分肯定。

加强少数民族流动人口服务管理

党的十八大以来，合肥市制定实施《关于加强合肥市少数民族流动人口服务管理工作的意见》《关于加强少数民族外来人员法律援助工作的若干意见》《合肥市城市少数民族流动人口管理服务工作9条措施》等，印制《合肥市外来少数民族群众服务指南》，将办理证件、就业咨询等15个方面内容纳入其中。市委统战部依托市司法局法律援助中心成立了“合肥市少数民族外来人员维权工作站”；市直相关部门和各级统战部门依托社区建立少数民族流动人员信息台账，搭建少数民族服务站、少数民族流动人口之家、疆皖党员之家、新疆籍务工经商人员双语夜校等平台。2017年至2021年，先后为少数民族群众提供各类咨询服务3000余次，提供就业帮扶8000余人次，发放“温馨卡”5000张，解决实际困难1000多件。注重机制建设，实行管理互动，市直相关部门主动与四川、青海、甘肃、新疆等地对接联系，强化跨区域合作共管，签订《关于处置少数民族问题跨区域联动协作协议》。建立领导干部结对联系服务制度，完善少数民族流动人口突发事件应急处置预案，并严格落实报告制度。为开展少数民族文化宣传，营造良好氛围，市委统战部编发《少数民族流动人口宣传手册》，持续开展“十个一”活动，即每年读一本民族团结题材好书、唱一首民族团结歌曲、学一句日常问候语、看一部民族团结电影、讲一个民族团结“一家亲”故事、写一篇民族团结主题文章、办一场民族团结联谊活动、演一场民族团结文艺节目、送一次“爱心进社区”义诊活动、开展一次民族手拉手帮扶慰问活动。

提升民族工作整体水平

一是创新社区民族工作。把民族工作融入社区日常管理，建立健全社区民族工作网络，全市先后建成全国民族团结进步示范社区 2 个、安徽省示范社区 4 个、合肥市示范社区 16 个。庐阳区荷塘社区金荷苑小区成立了民族特色党支部、民族管理协调委员会、社区民族志愿服务队和民族艺术宣传活动队。瑶海区金大塘社区、庐阳区九狮桥社区依托城市网格建设，建立少数民族基本信息台账，实行少数民族一站式服务，受到国家、省领导的肯定。二是做实帮扶脱贫工作。围绕“一年脱贫攻坚、四年巩固提升”目标，市、县、区统战部门积极协调相关企业、单位和村居，深入开展“民族一家亲、百企帮千户”活动，坚持企业扶贫与产业扶贫相结合，对少数民族聚居乡村和少数民族困难群众建档立卡，进行精准帮扶。肥东县牌坊乡民新村、杨店乡黄栗村和庐江县郭河镇的 18 户少数民族困难户，通过结对帮扶如期脱贫。三是发展民族教育事业。全市 7 所民族中小学全部完成基础教育标准化建设。肥东县牌坊民族中学室外蹴球场，成为全市少数民族传统体育项目训练基地，肥东县蹴球队多次代表安徽省参加各类全国性比赛，并取得优异成绩。合肥市第三十五中学西藏班中考成绩连续 10 多年位居全国内地西藏班前列，被教育部誉为“合肥西藏班现象”。合肥幼儿师范高等专科学校新疆班连续 3 届毕业生受到当地用人单位欢迎。

二、积极引导宗教与社会主义相适应

党的十八大以来，中共合肥市委坚持以习近平新时代中国特色社会主义思想为引领，全面贯彻党的宗教工作基本方针，坚持宗教中国化方向，认真实施《宗教事务条例》和《安徽省宗教事务条例》，依法管理宗教事务，积极引导宗教与社会主义社会相适应。至2019年，合肥市有信教群众约30万人；市级宗教团体6个，县（市）、区级宗教团体21个；批准登记的宗教活动场所669处，其中佛教120处、道教4处、伊斯兰教9处、天主教3处、基督教533处。

加强组织领导

中共合肥市委常委会、市政府常务会把加强和改进新形势下宗教工作纳入重要议事日程，每年听取宗教工作专题汇报，研究部署宗教工作，推进决策部署的贯彻落实。健全领导机制和运行机制，成立了合肥市民族宗教工作领导小组，由市委、市政府分管领导分别担任正副组长，并制定“领导小组成员单位职责清单”。完善县（市）区、乡镇（街道）、村居三级宗教工作管理网络，推行乡镇（街道）、村居两级宗教工作责任制。编制《合肥市主城区（2014—2020）宗教活动场所布局规划》，将宗教事务纳入社会治安综合治理。

注重正面引导

坚持宗教中国化方向，用习近平新时代中国特色社会主义思想来加强教育引导。围绕学习贯彻党的十九大精神，市委统战部先后召开了全市宗教界代表人士座谈会，组织宗教界人士和县（市）区宗教工作干部130余人参加专题学习培训班，开展以宗教中国化为主题的研讨交流活动，不断凝聚政治共识。深入开展多种形式的爱国主义教育活动，召开“社会主义核心价值观进寺观教堂活动”经验交流会，支持宗教界和信教群众举办“社会主义核心价值观”和“发挥正能量、共筑中国梦”主题宣讲活动。合肥市佛教协会佛教书画院成立后，组织全市五大宗教团体联合举办“大湖墨韵·五教同光”迎春书画展。积极引导宗教界培育和践行社会主义核心价值观，以创建和谐寺观教堂、创建宗教界培育和践行社会主义核心价值观示范点为抓手，扎实开展“四进四有”活动（四进，即国旗国歌进场所、宣传标识进场所、法制教育进场所、道德典范进场所，四有，即有主题活动、有专题讲稿、有规章制度、有社会服务），至2019年，全市宗教活动场所评选出的31个示范点，90%以上达到“和谐寺观教堂”创建标准。其中，获得全国“和谐寺观教堂”称号的场所8处、省级57处、市级129处。积极支持宗教界投身慈善公益事业，开展社会服务活动，2015年，国家发出打赢脱贫攻坚战号召，合肥宗教界积极响应，组织开展了“五教同力·助困脱贫”宗教慈善行动，取得良好的社会效益。

提升宗教工作法治化水平

合肥市宗教工作部门坚持依法规范宗教事务的管理行为、依法调节涉及宗教的各种关系。市委统战部以学习贯彻《宗教事务条例》为重点，加强宗教政策法规的学习宣传，通过开展学习月、举办培训班、召开宗教团体负责人季度学习座谈会等形式，不断增强宗教界人士和信教群众的法治意识、法治观念。建立宗教工作信息数据库，对宗教团体、宗教活动场所、备案宗教教职人员的基础信息，及时采集、及时更新。加强对备案教职人员常态化管理，制定实施《全市性宗教团体重大事项备案制度》《全市性宗教团体负责人年度述职实施办法》。2019年，针对中共安徽省委对合肥市宗教工作的反馈意见，中共合肥市委先后召开常委会和书记专题会议，研究出台“关于宗教工作若干举措”，推进基层宗教工作“三级网络、两级责任制”的细化、落实。市委统战部进一步健全宗教工作依法管理长效机制，牵头市委网信办、市公安局、自然资源和规划局、市场监管局、文旅局、教育局等单位，制定完善相关制度，相继出台《关于进一步加强思想政治引领防范校园传教工作的意见》《合肥市防范和打击宗教渗透工作机制》《关于进一步加强宗教工作的具体举措》《合肥市佛教活动场所标准化管理12条举措》《合肥市基督教活动场所标准化管理22条举措》等。建立领导干部走访联系宗教界人士和宗教活动场所制度，持续开展宗教领域风险点排查和宗教活动场所的管理、督查；持续开展“统战工作书记联系点”工作，实现全市宗教活动场所联系点全覆盖。建立健全宗教工作执法体系，进一步规范宗教工作行政执法行为和执法流程，严格执行持证上岗、亮证执法，至2021年，共成立市级执法队1个、县级执法队12个、乡镇（街道）执法队143个，执法队员744人，全市宗教工作法治化水平提升到新的高度。

推进宗教团体自身建设

在市委统战部支持、指导下，相继成立了合肥市伊斯兰教协会、合肥市道教协会、肥东县佛教协会等8个宗教团体，顺利完成了合肥市基督教三自爱国运动委员会、合肥市基督教协会、合肥市天主教爱国会等宗教团体的换届工作。不断完善宗教界的学习培训制度，市委统战部坚持每季度召开宗教团体负责人学习座谈会，每年组织宗教干部和宗教界人士集中培训。积极指导宗教团体开展健康文明的宗教活动，如市佛教协会常年开展讲经说法活动，市基督教“两会”不定期开展传道员讲道观摩暨培灵会，市伊斯兰教协会举办斋月讲经观摩会，新编了广受穆斯林群众好评的“卧尔兹”等。切实帮助宗教团体和教职人员解决实际困难，市财政每年拨出专项经费，用于补助宗教团体办公经费、组织宗教团体领导班子成员健康体检、解决伊斯兰教教职人员社保缴纳困难问题。进一步加强对宗教活动场所财务工作的规范化监督管理，完善“奉献箱”管理三人小组和财务监督小组机制，制作制式《宗教活动场所现金入账登记本》，落实宗教活动场所现金收入登记入账制度和非现金收入扫码直入基本户制度。创新设立“资金管理云平台”，实现“五个一”管理，即每个宗教活动场所设立“一个账户”，所有宗教活动场所基本户设在“同一银行”，所有宗教活动场所奉献箱由民族宗教事务部门“统一监制”，所有宗教活动场所往来资金宗教管理部门“一网可查”，所有宗教活动场所大额资金支出民族宗教事务部门“一键可控”。

第六节　团结凝聚港澳台海外爱国力量

一、聚焦“双招双引”助力合肥发展

党的十八大以来，中共合肥市委统战部充分发挥港澳台和海外统一战线优势，坚持以侨为“桥”，广泛宣传推介，深化拓展联谊，灵活开展“双招双引”（即招商引资、招才引智），为合肥打造“五高地一示范”提供了强有力的“统战能量”。据不完全统计，2018 年以来，通过全市统战部门共引进各类人才 200 余人，引进台资和侨资项目 133 个，合同投资额总计 480.4 亿元。

精准招才引智

2017 年 1 月，国家正式批复建设合肥综合性国家科学中心。为加快建设合肥综合性国家科学中心，打造具有国际影响力的创新之都，中共合肥市委、市政府相继出台一系列政策举措，积极引进各类人才。市委统战部充分发挥市台办、侨办、工商联、侨联、欧美同学会长三角海创中心、校地统战创新联盟等部门和组织的资源优势，紧盯重点产业链、创新链，通过举办海外联谊、交流洽谈、“高校行”等各类活动，多方位宣传推介合肥，提高合肥对人才的吸引力和感召力。如制作并录制《侨眼看合肥》系列微视频，通过网络平台向世界展示合肥；召开 8 场合肥市海外侨务工作云上见面会，分别与北美、日本、韩国、新加坡、俄罗斯、北欧、西欧等 15 个地区和国家的知名侨领进行云上交流座谈。全市统战、侨务和市直相关部门坚持每年组织侨务工作团，赴海外举行专场人才招聘会，相继举办“海外高层次专业人士皖江行”、实施“万名海外高层次人才引进计划”，成功引进了近万名高层次海外人才，以及一批具有世界水平的华人华侨创新团队。坚持以“三新四有”人

士为重点（“三新四有”是指新华侨华人、华裔新生代、社团新力量和政治上有影响、社会上有地位、经济上有实力、专业上有造诣），深入挖掘海外高层次人才的人脉资源，为打造创新之都提供人才保证和后备力量。为做到人才“引得来、用得好、留得住”，探索建立“招才清单”和定期回访制度。2021 年，高新区落户海归创业团队 21 个、海归人才 34 人，经开区落户 4 个团队、海归人才 9 名，庐阳区开发区落户海归创业团队 6 个、海归人才 12 人。

灵活招商引资

港澳台同胞和海外华人华侨一直是合肥市外来投资的一支重要力量。党的十八大以来，全市统战、侨务和各级相关部门发挥侨务工作的独特优势，不断拓展招商引资渠道。围绕合肥“芯屏汽合、急终生智”产业发展和产业链需要，相继组织懂经济、懂技术、懂产业、懂金融的专业人士开展“智力”招商，依托异地商会开展“回归”招商，依托侨梦苑、海峡两岸集成电路产业合作试验区等开展“平台”招商，通过港澳台同胞和海外侨胞开展“海外”招商。积极参与海外华商中国投资峰会、世界华商大会等重大活动，对外宣传推介合肥投资环境，精心打造创业平台，吸引侨商华商投资兴业。持续举办“聚焦安徽谋发展、四海百团江淮行”“中国侨商安徽行”“江浙沪闽粤籍侨商合肥行”等主题品牌活动，邀请侨商前来合肥考察洽谈。从 2017 年起，由合肥市政府与安徽省侨联、中国科大校友总会以“创业中华 创新安徽”为主题，每年联合主办“巢湖侨创峰会”，吸引和凝聚了大批中国科大海外杰出校友，峰会规模和影响逐年提升，引资引智成效越来越大。安徽（合肥）侨梦苑 2016 年 10 月揭牌兴建，2018 年就引进侨资项目 82 个、投资额超 100 亿元，至 2019 年已入驻侨资企业 400 余家、产值近 420 亿元，汇集海外留学人员和外国专家约 3000 人、两院院士 12 人。2021 年，蜀山电商园引进跨境华侨企业电商服务平台宏坤供应链，海归创业项目累计投资 3.4 亿元。

助推合肥企业“走出去”

在开展“双招双引”的同时，全市各级统战、侨务部门通过华人华侨牵线搭桥，积极推动本土优秀企业“走出去”。如江淮汽车的巴西装备厂、华泰柬埔寨项目、江淮园艺哥斯达黎加项目、俄罗斯莫斯科中国工业园等项目，都是在华侨的推动下实现的。

扩大海外“朋友圈”

市侨务部门广泛收集海内外侨情信息，建立了“合肥信息港”、涉侨工作联系微信群，实时推送合肥经济社会发展最新信息。充分利用同乡会、校友会、专业协会、合肥之友联谊会等多个平台和渠道，广泛联络国内人士，吸引不同层次人才支持、参与合肥的建设发展；利用合肥对外招商引资、交流合作、缔结友好城市的机会，加深与国际人士交往，吸引国际人才前来合肥创新创业。以国家实施“一带一路”倡议、合肥打造内陆开放新高地为契机，积极推动侨务工作“走出去”，对外交流交往的重点从挖掘传统侨务资源转向结交“三新四有”新朋友，领域从传统的欧美地区转向“一带一路”沿线国家。市侨务部门先后出席菲律宾、越南、柬埔寨等国家的安徽商会成立仪式，联系了马来西亚、泰国、缅甸、哈萨克斯坦、俄罗斯等国家的安徽海外社团，使合肥海外朋友圈不断扩大。

二、宣传贯彻“两岸一家亲”理念

加强合肥与台湾经济文化交流合作

党的十八大以来，习近平就推进两岸关系和平发展问题多次发表重要讲话，倡导“两岸一家亲”理念，提出“四个坚定不移”方针（即坚定不移走和平发展道路、坚定不移坚持共同政治基础、坚定不移为两岸同胞谋福祉、坚定不移携手实现民族复兴）。中共合肥市委认真宣传贯彻“两岸一家亲”

理念，立足合肥实际，采取多种形式，加强合肥与台湾交流合作，为推进两岸关系和平发展作出不懈努力。

2018年3月，中共合肥市委主要领导率团赴台，走访工商界知名人士，考察相关产业和企业，宣传推介合肥。2019年7月，市台办、市发改委联合制定了《关于促进合台经济文化交流合作的若干措施》（简称“30条”），进一步深化两地经济融合发展和文化交流合作。从2015年起，合肥市先后成功举办了六届海峡两岸半导体产业（合肥）高峰论坛、四届海峡两岸健康养老产业合作论坛、两届海峡两岸（合肥）农业合作论坛（2016年和2018年），两地在电子信息、集成电路、健康养老、现代农业等领域，逐步建立起常态化的新型合作机制，台湾晶合集成电路、汇成光电、联宝电子等一批知名企业相继落户合肥。在全国省会城市中，合肥市的台资企业项目数与投资额均进入“前十强”。

灵活开展“两岸一家亲·共圆中国梦”活动

一是广泛开展宣传，市统战、对台、侨务等部门坚持不懈地面向港澳台同胞和海外华侨华人，大力宣传爱国主义、宣传“一国两制”、宣传党的侨务政策和合肥改革发展成就；制作国情、省情和合肥市情影像宣传资料，组织“三胞”及其亲属实际考察，使他们受到潜移默化的思想教育。二是开展联谊活动，在重大节日和重要庆典期间，市委统战部及市台办、台盟合肥支部、合肥市黄埔同学会等涉台工作机构，通过举办联谊会、座谈会，组织书画展览、知识竞赛，开展寻根谒祖、走访慰问等活动，加强与台胞台属联系交流，使广大台胞台属感受“两岸一家亲”的温暖。三是积极开展民间外交，引导台胞台属给其在台湾和海外的亲属写信发函，介绍家乡的发展情况；组织广大台胞台属通过召开座谈会、发表声明等，表明坚决反对“台独”、维护祖国统一的立场和决心。四是积极打好“青年牌”，制定实施《合肥市鼓励和支持台湾青年来肥创业就业若干政策》，鼓励支持台湾青年来肥创业发展；以海峡两岸青年创业基地为依托，举办台湾青年学生“徽文化”夏令营、合台两地青年创新创业交流周等活动。五是推动两地基层交流，先后举办台湾“皖籍新娘回家乡”活动，邀请台湾乡里长和基层民众参观访问合肥，开展美丽乡村交流周活动，加强与台湾合肥同乡会等民间团体的联系，推进两地建立民间交往、基层互动的良好关系，夯实两岸和平发展的民意基础。

隆重纪念《告台湾同胞书》发表40周年

2019年1月18日，省、市台办和台商协会共同举办了合肥市台商台胞台属新春联谊会暨《告台湾同胞书》发表40周年纪念大会，近600名台商台胞台属代表与市政府及有关部门领导面对面交流，共叙两岸亲情，畅谈发展愿景。

充分发挥海峡两岸交流基地平台作用

市台办积极打好“铭传牌”“包公牌”，推动两岸民众互动交流，增进两岸同胞情感认同，促进中华传统文化传承创新。截至2019年1月，全国共批准设立“海峡两岸交流基地”71家，合肥市刘铭传故居和包公园名列其中。

刘铭传故居是安徽省首个海峡两岸交流基地，2012年被国台办授牌后，积极开展了一系列活动。2014年，肥西县三河镇利用交流基地平台，与台湾桃园县大溪镇缔结友好镇，建立了两岸两镇对口交流合作关系。2015年9月，合肥市利用刘铭传故居重新修缮正式开放之机，隆重举办海峡两岸纪念刘铭传首任台湾巡抚130周年系列活动，中共安徽省委、合肥市委主要负责人，国台办、海协会、全国台联、国家文物局、全国台企联、海基会相关领导，台湾高层精英人士、两岸专家学者、刘氏宗亲和社会各界人士代表、媒体记者500多人共襄盛举，在海内外产生了巨大影响。2016年10月，举办了“两岸一家亲·铭传故里行”海峡两岸交流周活动。2017年9月，在台湾新竹举办了“海峡两岸铭传情”民间剪纸艺术交流活动，这是海峡两岸交流基地——刘铭传故居首次进入台湾岛内开展文化交流。

包公园是合肥与台湾开展文化交流的重要窗口。从20世纪八九十年代开始，两地包公文化交流一直持续不断。2016年11月，合肥包公园举办了“两岸一家亲，包公故里行”包公文化传承交流周活动。2017年7月，国台办在合肥包公园隆重举行“海峡两岸交流基地”授牌仪式。2018年12月，合肥包公园举行了台湾海清宫捐赠香炉启用仪式，来自台湾云林县包公祖庙信徒代表和部分包公后人共同拜谒祈福。

三、开创港澳台海外统战工作新局面

夯实工作基础

中共合肥市委、市政府高度重视港澳台海外统战工作，坚持定期集体听取港澳台海外统战工作情况汇报，专题研究解决重大问题。中共合肥市委理论学习中心组把港澳台海外统战工作方针政策列为重要学习内容。全市各级党政部门积极整合资源，加大工作力度，确保港澳台海外统战工作所需经费、保障措施落实到位。市委统战部高度重视侨务工作组织建设和队伍建设，2017年8月，指导台盟合肥支部召开新一届代表会议，选举产生了新一届领导班子；2019年，在统战部机关内部设立港澳台统战工作处。积极推动侨务工作一体化，县（市）区相应成立了港澳台海外统战工作组织，各乡镇、街道配备了兼职干部，全市形成了较为完善的市、县（市、区）、乡（镇、街道）、村（社区）四级港澳台海外统战工作网络。2020年，合肥市开展侨情普查工作，建立了港澳台海外侨情数据库。

密切交流交往

自2010年11月合肥至台北（松山）航线开通以来，至2019年，合肥与台湾之间每周有20多个航班往返，每年前来合肥的台胞达50多万人次，去往台湾的合肥居民近10万人次。随着合肥打造内陆开放新高地的步伐不断加快，合肥与港澳台的交流交往日益密切。据不完全统计，仅2019年，合肥市先后接待港澳台地方和民间团体10余批、380余人次。2019年2月，香港贸易发展局华东、华中首席代表钟永喜一行访问合肥，并举办了合肥、香港企业家交流合作座谈会。5月，时任香港中联办副主任杨建平率香港安徽乡友参访团来合肥交流考察，举办了皖港合作恳谈暨项目对接会。11月15日，中国澳门体育总会联合会安徽访问交流团团长何敬麟一行前来合肥，与安徽体育同行开展交流。11月27日，中国和平统一促进会组织台港澳中青年骨干国情研习班成员近60人前来合肥参观访问。

依法保护侨益

市委统战部持续推进《中华人民共和国归侨侨眷权益保护法》的学习宣传，通过广泛印发保护侨益政策法规，组织侨务干部专题培训，召开侨界代表人士座谈会，举办侨法知识竞赛和现场竞答等活动，为全市侨务工作不断开创新局面奠定了良好基础。认真贯彻落实《安徽省保护和促进台湾同胞投资条例》等涉台法律法规，成立了“合肥市涉台涉外法律服务团”，深入台资侨资企业开展普法宣传和法律援助。建立了合肥市侨务联席会议制度、台商侨商权益保障工作联席会议制度，并积极推进联席会议制度向县（市、区）延伸，形成横向协同配合、纵向上下联动的工作机制。认真做好为侨服务工作，在港澳台同胞和海外华人华侨回国定居、办理签证，以及家属就业、子女就学等方面，实行绿色通道服务；对侨商台商生产经营中遇到用电、用工、融资和法律纠纷等困难和问题，坚持现场办公，及时协助解决，切实维护他们的合法权益。

后 记

习近平总书记强调指出，历史是最好的教科书。2021 年 11 月 8 日至 11 日召开的党的十九届六中全会，全面总结我们党百年奋斗的重大成就和历史经验，把“坚持统一战线”作为十条宝贵历史经验之一，作出了“建立最广泛的统一战线，是党克敌制胜的重要法宝，也是党执政兴国的重要法宝”的重要论断。当前，我们已经踏上实现第二个百年奋斗目标的新赶考之路。为在新时代新征程上更好地发挥统一战线重要作用，推进合肥打造具有国际影响力的科创之都，市委统战部决定组织编写《合肥统战纪事》，以史鉴今、开创未来。

《合肥统战纪事》的编写，坚持马克思主义唯物史观和正确党史观，以习近平新时代中国特色社会主义思想，特别是习近平总书记关于加强和改进统一战线工作的重要思想为指导，对合肥市统一战线工作的历史进程进行全面梳理和实事求是的记述。全书采用章、节、目的框架结构。全书共分四章，依据中国共产党百年奋斗历程的四个重要时期划分，即新民主主义革命时期、社会主义革命和建设时期、改革开放和社会主义现代化建设新时期、中国特色社会主义新时代；章节内容基本按时序安排，主要记述不同时期合肥地区统一战线的重要工作、重要事件及其影响，同时对党史中的一些背景资料作了适当铺垫，力求做到史论结合，以史为主，论从史出。编写中主要参考了中共中央统战部编著的《中国共产党统一战线史》，中共合肥市委党史研究室编写的《中国共产党合肥简史》《中国共产党合肥历史第二卷（1949—1978）》，以及《安徽民主党派史》《合肥通史·当代卷》《合肥市志》《合肥年鉴》和市委统战部相关档案资料。

《合肥统战纪事》的编写工作由市委统战部直接组织领导。编写过程中，各民主党派、工商联和市台办、侨联等统战系统各部门各单位积极参与，市档案馆、市地方志办、市社会科学界联合会等相关部门给予了指导帮助，各县（市）区党委统战部和市委统战部老同志给予了鼎力支持，在此，一并致以崇高敬意和衷心感谢！

由于时间仓促和水平所限，加之各种条件制约，《合肥统战纪事》在史料的全面搜集、整理的科学分类、表述的通畅严谨等方面，尚存疏漏和不足，敬请读者批评指正。

中共合肥市委统战部《合肥统战纪事》编写组

2022 年 4 月

参考文献

1. **著作**

中共中央统战部．中国共产党统一战线史［M］．北京：华文出版社，2017.

武菁，陆发春．合肥通史·民国卷［M］．合肥：安徽人民出版社，2017.

沈葵．合肥通史·当代卷（上、下册）［M］．合肥：安徽人民出版社，2017.

黄传新，唐先田，沈葵．安徽通史·新中国卷［M］．合肥：安徽人民出版社，2011.

张和敬．安徽民主党派史［M］．合肥：安徽教育出版社，2009.

合肥市地方志编纂委员会．合肥市志（1—4 卷）［M］．合肥：安徽人民出版社，1999.

合肥市地方志编纂委员会．合肥市志（1986—2005）［M］．北京：方志出版社，2012.

中共合肥市委党史研究室．中国共产党合肥简史［M］．北京：中共党史出版社，2006.

中共合肥市委党史研究室．中国共产党合肥历史第二卷（1949—1978）［M］．北京：中共党史出版社，2016.

中共合肥市委组织部，中共合肥市委党史办公室，合肥市档案馆．中国共产党安徽省合肥市组织史资料（1926. 9—1987. 11）[M]. 合肥：安徽人民出版社，1991.

肖健. 中共合肥市委志（1926. 9—1995. 5）[M]. 合肥：安徽人民出版社，1995.

安徽省新四军历史研究会，中共安徽省委党史研究室. 安徽革命史画册[M]. 合肥：安徽美术出版社，2004.

安徽省合肥市人民委员会. 合肥1949—1959 [M]. 合肥：安徽人民出版社，1959.

合肥画册编辑组. 合肥 1949—1984 [M]. 合肥：安徽人民出版社，1984.

合肥市地方志编纂委员会办公室. 合肥城图志 [M]. 合肥：黄山书社，2016.

夏元荣. 合肥通史简明读本 [M]. 合肥：安徽人民出版社，2017.

巢湖市地方志编纂委员会. 中国安徽·巢湖市历史纪实画册 [M]. 合肥：黄山书社，2011.

中共合肥市委办公室，合肥市人民政府办公室. 中国·合肥 - 2019 [M]. 合肥：安徽人民出版社，2019.

中国民主同盟合肥市委员会. 合肥民盟史 [M]. 北京：群言出版社，2019.

许昭堂. 巢湖史话 [M]. 合肥：黄山书社，2015.

丁玉兰口述，段金萍整理. 我的庐剧人生——丁玉兰口述史 [M]. 合肥：安徽文艺出版社，2018.

2. 内部图书、内部资料

中共安徽省委统战部. 统战工作文件选编（1982—1998）[M]. 内部图书.

《闪光的足迹》编辑组. 闪光的足迹·合肥地区中共党史画册（1919—

1949）［M］. 内部图书.

合肥市政协办公厅，合肥市政协文史资料委员会. 人民政协事业与合肥六十年图志——甲子沧桑［M］. 内部图书.

合肥市档案局（馆）. 合肥骄傲［M］. 内部图书.

合肥市社会科学界联合会. 合肥70年70事［M］. 内部图书.

中国民主建国会合肥市地方组织志编委会. 中国民主建国会合肥市地方组织志（1952.11—2002.11）［M］. 内部图书.

民建合肥市委员会. 建言之路［M］. 内部图书.

民建合肥市委员会. 同心铸伟业［M］. 内部图书.

安徽医科大学党委宣传部. 老安医的那些人那些事［M］. 安徽医大校园文化丛书.

合肥档案馆. 合肥市委统一战线工作部历年档案资料（无密级）.

3. 论文

王颋，刘文飞. 唐兀人余阙的生平和作品［J］. 北方民族大学学报（哲学社会科学版），2009.

郭崇毅. 是谁迎接人民解放军进入合肥的？［J］. 江淮文史，1993.

龚尉卿口述，沈荣光整理. 合肥和平解放秘录［J］. 党史纵览，1995.

陈衡. 合肥市城市建设［J］. 建筑学报，1959.

江鲲池. 敢为农民鼓与呼——记郭崇毅三次上书党中央［J］. 党史纵览，1998.

徐承伦. 敢说真话的郭崇毅［J］. 江淮文史，2009.

吴百超. 大革命时期中国共产党建立统一战线的历程、成就与经验研究［J］. 天津市社会主义学院学报，2019.

中国统一战线理论研究会统一战线历史重庆研究基地. 论统一战线在全面深化改革中的重要法宝作用［J］. 重庆社会主义学院学报，2014.

窦红莉. 改革开放以来中国共产党统一战线理论研究综述［J］. 宁夏社

会科学，2011.

朱小宝. 新形势下加强网络统战工作的几点思考［J］. 天津市社会主义学院学报，2018.

程良森. 安徽抗日民主根据地政权建设研究［D］. 芜湖：安徽师范大学硕士学术论文，2007.

胡照洲. 十年来统一战线理论创新的若干主要观点［J］. 世纪行，2012.